Günter Stahl (Hrsg.)

GEDANKEN UND ERLEBNISSE
Anthologie

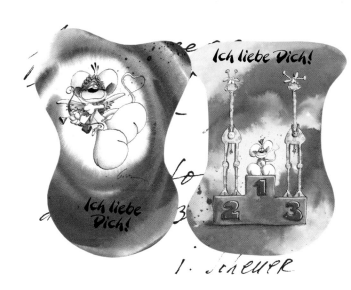

Günter Stahl (Hrsg.)

GEDANKEN UND ERLEBNISSE

Anthologie

ARNIM OTTO VERLAG

Titelbild von **Irma Scheuer**

Deutsche Bibliothek - CIP Einheitsaufnahme

Gedanken und Erlebnisse: Anthologie /
Günter Stahl (Hrsg.). - Offenbach a.M.: Otto, 1998

ISBN 3-933116-08-2

Günter Stahl (Hrsg.)
Gedanken und Erlebnisse
Anthologie
Arnim Otto Verlag
Postfach 10 14 61, 63014 Offenbach am Main
Herstellung: Boscolo & Königshofer, Karlsruhe
Printed in Germany, 1998
Alle Rechte vorbehalten ©
ISBN 3-933116-08-2

Inhalt

1. KAPITEL
Zeiten erleben, erleiden, ertragen   9

CHRISTEL HEIMEL   10
Titel: „Das Mädchen im Bus"
Prosa *(Erzählung)*

PETER KONRAD HENSELER   15
Titel: „Wach auf !"
Lyrik

ROSEMARIE HOFFMANN   26
Titel: „Hilferuf"
Lyrik

WALTER RICHTER   30
Titel: „März 1947"
Prosa *(Erzählung)*

IRMA SCHEUER   35
Titel: „Mamme Buschman"
Prosa *(Erzählung)*
Lyrik

CHRISTA SCHMIDT-FÜHRENBERG   42
Titel: „Herzbluten - Stich für Stich"
Prosa *(Zeitzeugnis)*

MECHTHILD SOURISSEAU   53
Titel: „Wir wollen nicht mehr
Leben wagen"
Lyrik

5

GÜNTER STAHL   61
Titel: „in memoriam
Professor Dr.Pinchas Lapide"
Prosa

KLAUS STEINHAUßEN   66
Titel: „Jussuf"
Prosa (Erzählung)
Lyrik

WOLFGANG STREICHER   89
Titel: „Der Umzug des Mystikers"
Prosa (Erzählung)

HANS JOACHIM WEGENER   98
Titel: „Kinder"
Lyrik

2. KAPITEL
Zeiten erleben, erfahren, entdecken   113

THOMAS ALBERT   114
Titel: „An eine treulose Geliebte"
Lyrik

ELISABETH BERGNER   118
Titel: „Die von Herzen singen"
Lyrik

ULRIKE BRÜGGENTHIES   127
Titel: „Totentanz"
Lyrik

GERTRUD EHNINGER-SEIDEL   132
Titel: „Strahlen aus der Mitte"
Lyrik

GABRIEL GEBHARDT 136
Titel: „Erinnerungen eines Postbeamten"
Prosa *(Erzählung)*

RAINER J. HOCHER 141
Titel: „Hier Daheim"
Lyrik

ANKE JENTSCH 149
Titel: „Seifenblasen"
Lyrik

ROLF KRONIKA 153
Titel: „Der Fahrtrichtungsanzeiger"
Prosa *(Erzählung)*

WILHELM KUSTERER 158
Titel: „Streitschlichtung"
Lyrik

TRUDE LELLMANN 161
Titel: „Meine Traumreise"
Prosa *(Erzählung)*

HANS-JOACHIM SCHORRADT 186
Titel: „Fragliches"
Lyrik

KARL-HEINZ SCHREIBER 190
Titel: „Auf dem Arbeitsmarkt"
Prosa *(ein Dialog)*

ANDREAS PHILIPP STAHL 195
Titel: „Memoiren eines Taxifahrers
Jahrgang 1964"
Prosa

HELMUT VOSSKAMP   201
Titel: „Die Witwe"
Lyrik
Prosa (Gedanken)

ALEXANDER WALTHER   206
Titel: „Korona"
Prosa (Erzählung)

GÜNTER STAHL   211
Titel: „Eine Reise in Europa:
Wiesbaden - Turin"
Prosa (Bericht)

AUTORENSPIEGEL   249

1. Kapitel

Zeiten

erleben

erleiden

ertragen

Christel Heimel

DAS MÄDCHEN IM BUS

Erzählung

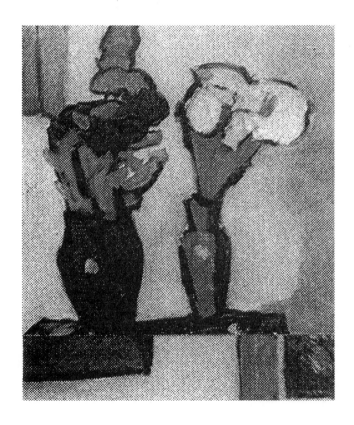

Illustration: Irma Scheuer

Christel Heimel

Das Mädchen im Bus

Ich steige in den roten Linienbus und setze mich neben das Mädchen, das mich freundlich anlächelt und einen kleinen, schwarzen Plastikblumentopf, halbgefüllt mit schwarzer Erde, in den Händen hält.

„Da sind Weizenkörner drin", platzt es aus dem Mädchen heraus, „die hab ich eben reingedrückt ... für Biologie!"

Interessiert schaue ich in das mir entgegengestreckte rabenschwarze Töpfchen mit der traurig-schwarzen Erde.

„Wann kommt denn da was heraus?" frage ich wißbegierig und stelle mir etwas hellgrün Spriessendes vor.

„In drei Tagen!" belehrt mich das Mädchen; dabei sehen mich seine großen kornblumenblauen Augen so überzeugend an, daß ich ihm aufs Wort glaube.

Der vollbesetzte Bus zwängt sich schleppend durch den Feierabendverkehr. Das Mädchen wird unruhig. Seine Stiefelspitzen heben und strecken sich. Sein Kopf wackelt. Es zieht mit der Zungenspitze die Unterlippe ein und zeigt - die Oberlippe dehnend - kräftige, halb ausgewachsenen Schneidezähne, die stark vorstehen. Jetzt beginnt sein Oberkörper zu wippen: vor und zurück - vor und zurück. Er federt immer schneller: vor und zurück - vor und zurück - vor und zurück! Das raben-

11

schwarze Blumentöpfchen wippt mit: vor und zurück - vor und zurück und sieht gar nicht mehr so traurig aus.

Das Mädchen hört plötzlich auf, sich zu bewegen. Ruckartig steckt es den linken Daumen in den Mund und starrt nachdenklich vor sich hin. Mir fällt sein feines Blondhaar auf, das unter einer viel zu großen taubenblauen Pudelmütze hervorkringelt.
Der Daumen fliegt wieder aus dem Mund! Das Mädchen richtet sich kerzengerade auf.
„Ich muß spätestens fünf vor fünf zu Hause sein, hat meine Mutter gesagt, sonst gibt es Ärger!" sprudelt es aufgeregt hervor, wobei die Worte sich fast überschlagen.
„Meine Mutter muß nämlich um fünf Uhr zur Arbeit!"
„Um fünf?" frage ich, „wann kommt sie denn wieder zurück?"
„Meine Mutter arbeitet immer von fünf Uhr nachmittags bis fünf Uhr morgens!" antwortet das Mädchen mit monotoner Stimme, seinen Redefluß verlangsamend.
„Immer?" frage ich ungläubig.
„Ja!" sagt das Mädchen leise.
„Bist du dann ganz allein in der Wohnung?" bohre ich weiter und schäme mich ein wenig wegen meiner Fragerei.
„Nein! ich habe noch eine vierjährige Schwester", antwortet das Kind mit wieder hastig werdender Stimme.
„Und bringst du die abends ins Bett?"
„Ja-ha-ha-ha!" lacht das Mädchen, „aber manchmal ist sie quengelig, dann lese ich ihr etwas vor."

„Und schläft sie dann ein?"

„Ja, meistens."

„Habt ihr denn keine Angst, so alleine nachts in der Wohnung zu sein?" frage ich beunruhigt und unterdrücke meine Empörung.

„Manchmal schon", sagt das Mädchen und preßt ein unsicheres, stotterndes Lachen hervor.

„Einmal hat es schon mal nebenan in der Wohnung gebrannt! Jetzt haben wir einen Feuerlöscher bekommen. Wenn etwas Schlimmes passiert, kann ich meinen Vater anrufen, der wohnt irgendwo anders, aber der ist meistens nicht da."

„Wo arbeitet deine Mutter denn?" setze ich mein 'Verhör' fort

„Weiß ich nicht!" sagt das Mädchen achselzuckend mit ausdrucksloser Stimme, während es die Augenlieder senkt und sein Gesicht dem Fenster zuwendet, dessen Scheiben stark beschlagen sind und keinen Blick nach draußen lassen.

Ich kann mich nicht zurückhalten, das Mädchen noch nach dem Alter zu befragen und schätze es auf etwa zehn Jahre.

„Nächsten Monat werde ich neun!" antwortet es.

Ich schaue auf die Uhr: Es ist drei vor fünf! Das Mädchen wird Ärger kriegen. Der Bus hält an. Der Dieselmotor tuckert lautstark weiter. Die widerlich stinkenden Abgase dringen durch die geöffnete Tür nach innen. Mir wird übel. Ich kann den aufsteigenden Brechreiz kaum unterdrücken. Ich versuche, solange wie möglich den Atem anzuhalten.

„Tschöhö!" sagt das Mädchen und beeilt sich, aus dem Bus zu kommen. Ich werfe noch einen Blick auf seine schilfgrünen Gummistiefel, die sich beunruhigend von seinem grellbunten Anorak abheben.

„Vielleicht sehen wir uns nochmal!" rufe ich dem Mädchen nach.

Draußen öffnen sich Regenschirme, die gegen den Wind gehalten werden. Als der Bus abfährt, sehe ich das Mädchen rennen, sein schwarzes Blumentöpfchen fest umklammernd.

Peter Konrad Henseler

WACH AUF !

Gedichte

Illustration: Irma Scheuer

15

Peter Konrad Henseler

Wach auf !

Wach auf,
bevor Gott es merkt,
daß du schläfst.

Wach auf,
bevor der Tod es merkt,
daß du schläfst.

Wach auf,
bevor der Feind es merkt,
daß du schläfst.

Wach auf,
bevor die Gefahr es merkt,
daß du schläfst.

Wach auf,
bevor du alt bist und merkst,
daß du dein Leben verschlafen hast.

Peter Konrad Henseler

Abschied

Auf einsamen Wegen
schreite ich dahin
durch einen Dom voll Erinnerungen.

Kein Himmel ist so weit,
meine durchlebten Freuden
zu fassen.

Kein Meer ist so tief,
in dem ich meine Traurigkeit
in Vergessen tauchen könnte.

So spür ich im Gehen
das Vergehen der Gefühle,
die ein Leben zusammengetragen.

Vieles Gewonnene
blieb wertlos,
es häufte sich vor meinen Schritten.

Am Ende des Weges steht ein Altar,
dort will ich dem danken,
der mich erfüllt hat mit Menschlichkeit.

Peter Konrad Henseler

Die verpfändete Seele

Du Mensch hast deine Seele verpfändet
an Glanz und Reichtum,
tauchst deine Gefühle in Sensationen,
speicherst Wissen für deinen Untergang.

Du Mensch verpfändest deine Seele
an einen falschen Gott, das Geld,
besorgst dir Gnade und Barmherzigkeit
für deine verpfändete Seele.

Du Mensch hast deine Seele verpfändet
für schlechte Luft, für giftiges Wasser,
für verschmutzte Umwelt, Krankheit und Hunger.

Du Mensch verpfändest deine Seele
für deinen kranken Geist, der andere ausnutzt,
läßt andere leiden für deine Fehler,
tötest deine Mitmenschen im Krieg.

Du Mensch hast deine Seele verpfändet,
wann wirst du deine Seele einlösen?
Heute, morgen oder überhaupt nicht mehr?

Löse sie sofort ein,
bevor sie nicht mehr einlösbar ist !

Peter Konrad Henseler

Bläht Geist sich auf

Bläht Geist sich auf,

umwallt die Welt

wie nasser Nebel,

trägt Zorn den Geist

zum Throne rauf,

setzt blinde Wut

die Macht dann an den Hebel,

sinkt menschlich Mut

in Trost und Feigheit

wünscht jedem andern

nur sich selbst kein Knebel.

Peter Konrad Henseler

Schutthaufen

In dieser irrigen Welt
verendet das Gesetz
als durchnäßte Pappe.

Unter ihr liegen Millionen
geschlachteter Augen
als leere Büchsen.

Die heiße Sonne brütet die neue Pest,
die aufsteigt als Dunst
der nichtgeheiligten Schöpfungen.

Eine verlorene Menschheit
liefert sich selbst als Stoff,
die Hoffnungen enden im Schutt.

Peter Konrad Henseler

Zahn der Zeit

vom wahn erfaßt
des geistes hoher flug

die bahn verpaßt
die uns so sicher trug

vom wahn erfüllt
des menschen hohes ziel

der zahn er brüllt
der uns als zeit gefiel

zum hohn gemacht
des lebens tiefer sinn

bald hats gekracht
wir sitzen in der sch...drin

Peter Konrad Henseler

Hass

Schuld und Sühne
vom Herz getragen.
In Angst gebühren,
böse Mäuler sagen.

Missgunst des Satans
Gefühle reißt entzwei.
Jähzorn reizt zur Tat,
Verstand nicht mehr dabei.

Blut in böser Wallung,
wutentbrannt der Sinn.
Verloren die Beherrschung
nie brachte es Gewinn.

Gefühl voll wilder Lust
verdammt seist du.
Speie aus der Brust,
gib meiner Seele Ruh.

Peter Konrad Henseler

Ankunft

Die Wolken am Himmel
sie ziehen dahin
von Stürmen getrieben,
über Länder und Meere,
schicksalhaft wechselt ihr Bild,
keiner kennt ihr Ziel.

Gleich diesen Wolken
ziehen die Menschen
vom Schicksal getrieben,
über Länder und Meere,
entwurzelt vom Lauf der Geschichte,
gejagt und verfolgt.

Mit Gewalt gezwungen
auf einen Weg ohne Ziel,
Millionen blieben liegen,
im Stacheldraht und in Gräben,
Unzählige starben vor Hunger und Kälte,
zu Tode gefoltert verhauchte ihr Leben.

In Sehnsucht brachen die Herzen
nach Heimat und Frieden.
Wenigen nur verblieb das Glück der Ankunft.

Peter Konrad Henseler

Der Tag

Von Allmachtswillen geschaffen
eh du begonnen.
Aus ewigem Geschehen
geboren in tausend Sonnen.

Durch nächtliche Nebel geschoben,
bis du erscheinst am Horizont.
Zaghaft mit Dunkel verwoben,
bis jedes Leben dich erleben konnt.

Alles ersehnt dich aufs Neue
und trauert deinem Vergehen.
Nur der Tod zählt deine Reihe,
die Nacht heißt dich willkommen und gehen.

Peter Konrad Henseler

Wie Atem

Nicht haltbar,
nicht faßbar,
nicht ohne.

Kurzes Verweilen,
verbraucht,
augestoßen.

Endloser Durst
erhält Leben,
läßt sterben.

Schenkt Freuden,
verteilt Leiden,
erzeugt Angst.

Wie Atem
geht alles vorbei,
das ganze Leben.

Rosemarie Hoffmann

HILFERUF

Gedichte

Illustration: Irma Scheuer

Rosemarie Hoffmann

Hilferuf

Sage mir Schicksal
rechte Hand des
großen Gottes
dazu ausersehn zu dienen
was ist mir bestimmt
ich bin bereit
mein Bestes zu geben
doch alles steht
auf Stillstand kaum wage ich
zu atmen, habe Angst.
Wie wird es weitergehn?
Gott schweigt
kein Gebet vermag
ihn zu erreichen
sind ihm die Menschen
der heutigen Zeit
zuwider weil sie
versuchen die Ordnung
neu zu gestalten?

Rosemarie Hoffmann

Ein Stück Leben

Hätte ich nicht mit siebzehn Jahren
mein Nest verlassen, als die jüngeren
Geschwister nachgewachsen, um den Eltern
zur Seite zu stehn, wäre ich nicht über die
Dorfgrenze geflüchtet, die Straßenbahn
benutzt, um zum Bahnhof zu kommen und
dann per Eisenbahn ins Nachbarland zu
gelangen, um Arbeit zu finden, ich bin
in ein Kloster gehuscht und weil ich
anstellig war, blieb ich ein ganzes
Jahr und lernte noch allerhand dazu,
um mich zu behaupten, einen Haushalt
gleich welcher Größe zu leiten, erntete
sogar den Beifall meiner Mutter, wollte
ihr dennoch nicht zur Last fallen und
suchte mir eine passende Familie, blieb
aber immer nur ein Jahr, wollte auch mal
ein Jahr ein Krankenhaus erforschen, lernte
auch hier noch einiges dazu, ging aber
wieder zurück in den Haushalt, aber dann
um kranken Müttern zur Seite zu stehn,
endlich erreichte mich auch mein Schicksal,
bildete meinen eigenen Haushalt, der
im Laufe von 13 Jahren zu einer Übergröße
anschwoll und ich war froh, viel Wissen
in mir zu beherbergen, so daß ich immer

meine Lage meisterte, und dann schlug auch diese Welle um und das Haus wird immer leerer, irgendwann werde ich allein sein und mir die Frage stellen, was wäre geworden, wenn es nicht so gelaufen wäre.

Ein Satz - zweihundert Wörter

Walter Richter

MÄRZ 1947

Erzählung

Illustration: Irma Scheuer

Walter Richter

März 1947

Der Kleinstadtbahnhof Furth im Wald, als Grenz-
bahnhof größer als der vergleichbarer Städte, war
nur durch einige Granateinschläge an der Fassade vom Krieg gezeichnet, ansonsten hatte er überlebt und seinen Betrieb im vollen Umfange wieder
aufgenommen. Er war das Tor zur Welt für die
hiesige Bevölkerung, jedoch nur in eine Richtung
offen. Und dieses Tor benutzten am Montagmorgen
eine große Anzahl Reisende. Die meisten von ihnen
waren Wochendpendler, von denen sich viele am
Wiederaufbau zerbombter Großstädte beteiligten.
Am Samstagnachmittag kehrten sie zurück.
Auch ich gehörte zu den Pendlern.

Viele Gesichter, die morgens ab fünf Uhr am Fahr-
kartenschalter Schlange standen, um eine Fahrkarte zu lösen, waren auch den Einheimischen
fremd, die Vertreibung der Menschen aus dem
Osten bestimmte mit das Bevölkerungsbild.

Ich löste an einem Montagmorgen eine Fahrkarte
nach Regensburg. In der Schlange am Fahrkarten-
schalter stand ein Herr vor mir, der durch einen
Pelz am Mantelkragen auffiel. Er gewann meine
besondere Aufmerksamkeit, als er eine Fahrkarte
2. Klasse verlangte.
Der Schalterbeamte, der sich in Eile gab und dadurch die Geduld der Wartenden nicht vorsätzlich
strapazierte, händigte dem Herrn mit dem Pelz-

kragen eine Fahrkarte aus, die dieser mit einem schnellen Blick prüfte und sofort zurückgab.

„Ich hatte eine Karte 2. Klasse verlangt!" bemängelte er im Beschwerdeton.

Der Schalterbeamte schaute den Herrn mit großen Augen an und sagte:

„Entschuldigen Sie, aber bei mir hat während meiner Dienstzeit im und nach dem Krieg noch kein Fahrgast eine Karte 2. Klasse verlangt."

„Dann will ich die erste Ausnahme sein", antwortete der Herr in humorlosem Ton.

Der Schalterbeamte erfüllte mit lächelndem Gesicht seinen Wunsch. Die in der Schlange stehenden drehten sich nach dem Herrn um, als dieser den Schalter verließ. Ihre Bemerkungen über den „vornehmen" Herrn waren fast gleichlautend und keinesfalls positiv für ihn. Die Menschen waren noch vom Gemeinschaftsgeist geprägt und hatten für Klassenunterschiede keinen Sinn. Mein Hintermann in der Warteschlange, mit einer blauen Joppe und brauner Manchesterhose bekleidet, von mir auf Mitte dreißig geschätzt, flüsterte mir ins Ohr: „Dem gehe ich nach. Ich will sehen, was der aus seiner prall gefüllten Aktentasche zieht und frühstückt."

Der Hintermann machte mich neugierig. Er folgte dem vornehmen Herrn mit schnellen Schritten, ich lief langsam hinterher. Meine Füße ließen den Augen den Vorzug: Sie folgten in Eile.

Der vornehme Herr hatte ein Abteil 2. Klasse belegt. Mein Hintermann lief einige Male an der offenen Abteiltür vorbei. Ich tat das gleiche. Und meine Augen machten meinen Mund wäßrig. An den Schnitten, die der Herr frühstückte, hatte ich heraushängenden Schinken entdeckt. Erst als ich in einem mir zustehenden Abteil der 3. Klasse Platz genommen hatte, versickerte das Wasser im Munde.

In Gedanken beschäftigte ich mich mit meinen finanziellen Möglichkeiten. Ich kam zu dem Schluß: Eigentlich könnte ich auch zweiter Klasse reisen, denn Geld habe ich genug, für das ich mich nicht einmal ordentlich satt essen kann. Und der Wert des Geldes ist weiter am Schrumpfen.

Solche Gedanken mögen auch andere 3. Klasse-Reisende gehabt haben, aber sie sparten wie ich das wenig wertvolle Geld, weil sie , wie ich, das Sparen gelernt hatten.

Der Zug, den ich benutzte, fuhr nach Nürnberg. Wer nach Regensburg oder München wollte, mußte in Schwandorf in den aus Hof kommenden Zug umsteigen.

Dort begann nicht nur ein Kampf um Plätze, sondern ums Mitkommen überhaupt. Der Zug aus Hof war bereits überfüllt, und auf dem Bahnsteig warteten Hunderte, die alle mitgenommen werden wollten. Rücksichtnahme der Stärkeren gegenüber den Schwächeren gab es nicht. Ein energischer Fahrdienstleiter boxte die Fahrgäste auf die Trittbretter und von diesen in den Zug. Seine beiden Fäuste hatten für mehrere Minuten voll zu tun. Kein Fahrgast beschwerte sich, wenn er ihnen den Befehl zum Einsteigen durch Fausthiebe erteilte, den Gehorsam handgreiflich anmahnte und durchsetzte.

Die von Eltern und Lehrern uns beigebrachte Anstandsregel, älteren und gebrechlichen Menschen seinen Sitzplatz anzubieten, setzten die im Zuge herrschenden Verhältnisse außer Kraft. Sitzenden war es nur in Ausnahmefällen möglich, aufzustehen und zur Seite zu treten, damit sich ein Bedürftiger setzen konnte.

Dennoch sprach jeder von Glück, wenn er zu seinem Ziel befördert wurde.

Die beschwerlichen Reisen von damals habe ich nicht gezählt, aber es waren viele.

Irma Scheuer

MAMME BUSCHMAN

Erzählung

Illustration: Irma Scheuer

Irma Scheuer

Mamme Buschman

Jahre liegen zurück ...Jahre nach Beendigung des
II. Weltkrieges - etwa zwei oder drei -, von denen
ich eine Geschichte erzählen will.
Das Milieu des Schtetls, dieser Art Kleinstadt jid-
disch-ukrainischer Prägung, das dem Leser nicht
sehr bekannt sein wird, ist schon Geschichte.
Ich bin keine Meisterin der Beschreibung von Lie-
besszenen, hier aber will ich mich darin versuchen
und, soweit mein Erinnerungsvermögen ausreicht,
von einer traurig-skurrilen Begebenheit berichten.

Zu den Hauptpersonen einer Familie dieser Prove-
nienz gehört, das versteht sich, eine Mamme. Hier
ist es unsere Mamme Buschman. Ihr Gatte, ein
hagerer, hochgewachsener Schneider, sitzt, anders
habe ich ihn nie erlebt, am Ende eines Schneider-
tisches - hoch-poliert durch die jahrelange Nut-
zung - und philosophiert beim Nähen. Auf seinem
Rücken zeichnet sich ein Buckel ab - Resultat
jahrzehntelanger statischer Tätigkeit.
Seine Frau ist stolz auf ihren Mann, der das Hand-
werk vorzüglich beherrscht und gütige schwarze
Augen hat. Sie, obwohl auch mit funkelnden braunen Augen, ist mit der enormen Fülle einer 'kolos-
salen Weiblichkeit' gesegnet. Ihr bedeutender Um-
fang, versehen mit einem Frauengesicht, das zum
Hals schon längst keine 'Grenzmarkierungen' mehr
hat, scheint in der Höhe zu schweben.

Solche Figürlichkeiten waren uns von den Jahrmärkten - auf den Brettern eines Wanderzirkus' - bekannt.

Mamme Buschmann war krank - sie hatte es mit der Schilddrüse, die ihr zu schaffen machte.

Sie gab sich stets seriös und sprach ein ziemlich sauberes Russisch, und auch ihr Gatte, der Schneider, versuchte, sich gewählt auszudrücken.

Wie es in den Familien der jüdischen Schtetlbewohner üblich war, suchten sie einen *Schadchen,* einen Heiratsvermittler; denn Familie Buschman hatte eine Tochter, die langsam in die Jahre kam - 25 Jahre galten als überreif. Sie hatte erst vor kurzem eine Liebestragödie erleben müssen:

Im Hause Buschman lebte ein Schneidergeselle mit Kost und Logie, und die Eltern waren ganz sicher, daß die Tochter auf diese Weise unter die Haube kommt.

Der Bursch' war von kleiner Statur, er lispelte zwar etwas, hatte aber feurige schwarze Augen und dichtes Kraushaar.

Die Wohnung war eng - winzige drei Zimmer -, und so hat der jahrelange, enge Kontakt zwischen den beiden jungen Leuten die Liebe offenbar im Keim erstickt.

Doch wie es in einem Schtetl üblich ist, beteiligte sich die ganze redliche, jüdische Handwerkerschaft daran, das zerbrochene Glück wieder zu kitten. Aber es half nichts!

Der junge Mann entdeckte nämlich in seinem Inneren ungeahnte männliche Kräfte, denen das blasse, überreife Mädchen nicht gewachsen war.

Ich, stille Beobachterin, sah, wie der Schneidergeselle mit seinen Händen - nicht in seinen Armen - ein üppiges ukrainisches Mädchen festhielt und ihr heiß zulispelte: „Wann *tleffen* wir uns?"

Das Fräulein Buschman, die verlassene Braut, eine schmächtige, unscheinbare junge Frau zeigte keine Regungen, als der Bräutigam sich allen Eheversprechungen entzog.

Die Buschmans waren gebrochen. Großes Mitleid erweckte die Familie auch in uns. Mein Mann behandelte die Mutter als Arzt, sie war ernstlich krank. - Und die ganze Aussteuer schimmelte in großen Truhen unter sieben Riegeln.
Mamme Buschman reagierte gereizt auf Anspielungen, und wir hörten, wie sie einmal, in Rage gekommen, einem taktlosen Nachbarn, auch jüdischer Herkunft, ganz ungeniert zurief: „Njemez" (Deutscher) und auch noch „Esessowez" (SS-Mann) und „DeseNtir" (Deserteur) - sehr schlimme Schimpfworte zu jener Zeit.
Die staubige Straße eines jüdisch-ukrainischen Schtetls nahm solche Schreie gelassen hin. Es gehörte zum südlichen Temperament der Menschen, ab und zu mal Dampf abzulassen.

Diese Straße schlängelte sich zwischen malerischen, weißgetünchten Häusern, deren Fensterläden, bemalt, eine Fülle von Vögeln darstellten, meistens Truthähne, wobei ein kräftiges Rot dominierte. Sie waren symmetrisch angeordnet und repräsentierten die traditionsreiche Naive Kunst.

Mamme Buschman war in der Regel gelassen und verstand vieles zu ertragen. Diesmal aber zerbrach ihr Heim: Vor ihren stets weit geöffneten, fragenden Augen gingen das Glück ihrer Tochter und die Ehre der Familie in die Brüche. Ihr Körper wurde immer umfangreicher, je größer die Aufregungen waren, sich ihre Enttäuschung steigerte. Da ihr Gesicht immer großflächiger wurde und ein Hals nicht sichtbar war, verstärkte das gelbe, ärmellose Sommerkleid die tragi-komische Illusion eines zur Sonne aufsteigenden Ballons.

Man suchte sofort einen neuen, 'frischen' Bräutigam. Die niedergeschlagenen Eltern brauchten Trost, sie hätten die Schmach nicht allzu lange ertragen können, und auch die Truhen mit der Aussteuer quollen schon über.

Man fand einen Kandidaten der Ehe, und die Hochzeit konnte gefeiert werden. Zu dieser Hochzeit lud die Mamme Buschman auch den Njemetz, Esessowez, DeseNtir ein ... Man triumphierte.

Die Jungvermählte blieb während der Hochzeitszeremonie apathisch, mit abwesenden Blicken auf das Geschehen um sie...
Nach kurzer Zeit brach auch in ihr ein Vulkan aus, und sie schmiß selbständig handelnd ihren Mann raus, einen primitiven, aus der tiefsten Provinz hergeholten Burschen, den man ihr aufgezwungen hatte.
Sie erwachte als Frau und gewann ihren Stolz wieder. Vielleicht war sie sogar die erste in diesem Stetl, die diese gräßlichen, entwürdigenden Sitten durchbrach...

j. Schätzr

Irma Scheuer

Gedichte

Haus in den Wiesen

Heute wie damals
blühende Bäume,
dampfende Erde,
Wände in weiß.

Es summt und es zwitschert
um's Haus und Dach.
Es rauscht und trällert -
es plätschert der Bach.

Alltag und Träume.
Lieben und Werden.
Haus in den Wiesen
in Blumen ertränkt.

Freudige Sorgen
haben bewiesen,
daß man an morgen
mit Zuversicht denkt.

Irma Scheuer

Mittagsglut

Juli-Sonne dringt durch den Wald,
durchs Geäst und durch die Zweige ...
Du atmest herben Harzesduft,
genießt die selten klare Luft
und lehnst dich an den Stamm im Schweigen ...

Es wird so still um dich herum -
die Wipfel sind im leisen Plausch,
der Sommerwald hat dich betäubt,
hat dich gefangen und berauscht ...

Illustration: Irma Scheuer

Christa Schmidt-Führenberg

HERZBLUTEN
- STICH FÜR STICH

1938: Zeitzeugnis
aus der Sicht eines Kindes

Illustration: Irma Scheuer

„Endlich habe ich unter den vielen Freundinnen nun die richtige Freundin gefunden!" jubelte das Kind Cornelia Friederike, als es über den Wall zur Schule rannte. Mit ihm hüpfte der Schultornister aus feinem, dunkelrotem Leder auf dem Rücken - auf und ab - und die Brottasche am schwingenden Lederband gab die Richtung „Vorwärts" an.

Wie ihre große Cousine hieß die neue Freundin: Ursel. Und sie war mit zierlicher Gestalt, zartem Teint und gleicher Haar- und Augenfarbe - braun und blau - ihr zumindest äußerlich ähnlich, was gefiel.

Nach der Schule würden sie wieder auf i h r e r sonnigen Parkbank sitzen, handarbeiten und ein bißchen plaudern. „Aber warum folgte die erkorene Freundin nicht ihrer Einladung, ihrer B i t t e : 'Besuche mich doch mal zu Hause, zum S p i e - l e n?' Warum konnte Cornelia nicht mit zu Ursel gehen?"

Ja, richtig! - Wie gewohnt suchten die beiden Zweitklässler nach Schulende ihre „Freundschafts- bank" in den Parkanlagen auf. Sie holten ihre Stoffstreifen mit den Zierstichübungen hervor und betrachteten die bunten Farbreihen von Stepp-, Stiel-, Löffel-, Kreuz- und Hexenstichen. Cornelia räufelte ihre falsch gewendelten Stielstiche auf, um nachzubessern. Ursel löste geschwind eine Menge von Zierstichen auf. „Warum zerstörst Du Deine akkurate Handarbeit? Du nähst ja geradezu rückwärts!" staunte Cornelia. Was Ursel dazu erklärte, vermittelte eine Ahnung von großer kindlicher Einsamkeit, von versteckten Ängsten. Ursel brach bereits ihr gebotenes Schweigen, als sie berichtete: „Damit es nicht auffällt, daß ich zu Hause so viel nähe. Ich kann nicht herumtollen, muß mich immer ganz still beschäftigen." Auch die Pausen auf der einladenden Parkbank waren nur eine kurze Abwechslung für Ursel. Cornelia brachte die Freundin bis zum Klingelknopf an der Hauptstraße. „Sage keinem, wo ich wohne und was wir gesprochen haben", bat Ursel. Cornelia machte den Dreifinger-Schwur am Herzen: „Ehrensache!"

Die Kinderfreundschaft endete, bevor sie richtig beginnen konnte. „Die Schulbank von meiner Freundin ist leer. Zu unserer grünen Bank kommt sie nicht mehr, und auf Klingeln öffnet niemand", klagte Cornelia schließlich eines schönen Sonntagmorgens ihrem Papa vor - selbstverständlich ohne Namensnennung -. „Sie war wohl nur zu Besuch in unserer Stadt", meinte er dazu.

Vom herrlichen Sommerwetter verlockt, ließen sich die Bewohner des Hauses, „Omas ganzer Familienstolz", in Hof und Garten erblicken: Zum Zeitunglesen, zu Gesprächen, Basteleien, zum Handarbeiten, Sonntagsgemüse-Putzen oder einfach nur zum Ausruhen der Hände - umgeben von ihren spielenden Kleinen - Cornelia erlauschte mit einem Ohr die Gespräche der Erwachsenen:

Ihre Tante Lina flüsterte der Mutter zu: „Die P's - oder war'ns die Z's - sind noch rausgekommen. Ist das nicht schön! - Übrigens... . Hattest Du gewußt, daß ..." „Deutschland den Rücken zu kehren, wäre vielleicht für viele (Bewohner der Stadt) die einzige Rettung", kam halb verschluckt eine besorgte Stimme an die Oberfläche. Die Großmutter kreuzte mit dem Hühnerfutterkorb über den Hof und gab ihren Gedanken Luft - glasklar - : „Wenn ihr mich fragt - das sage ich Euch: Sie sind doch auch Deutsche, darunter gute alte Bekannte. Manche Familien leben - wie die Hugenotten - in unserer Stadt seit undenklichen Zeiten. Haben sie denn nicht ein Recht auf Heimat!"

„Was ging hier vor?" fragte Cornelia ängstlich in sich hinein, „keiner sagt einem 'was Genaues'."

Da war noch die Rede von Karli M., der eine Zeitlang mit einem Handkarren, Schaufel und Reiserbesen über bucklige Altstadt-Straßen oder sandige Außenwege gezogen war, die häufiger von Pferdegespannen als von Autos genutzt wurden. Er sammelte Roßäpfel-Dünger.

Die Gedanken des Kindes vermischten sich mit den Gesprächen der Erwachsenen. Karli stotterte nach einer Schützengraben-Verschüttung im Ersten Weltkrieg, was er stets mit gewinnender Höflichkeit überspielen wollte. Er hätte einen 'Tick', höhnten die Überheblichen. Vom Vater wußte Cornelia, daß Karli ein hochbegabter Photograph gewesen sei - beinahe ein Künstler. „Ja, aber sein schönes Photo-Atelier sollte - neben anderen schönen, kleinen Geschäften - doch wohl einem monumentalen Kinobau weichen!" hörte sie nun wieder Omas unmißverständlichen Beitrag. „Guter Karli!" Cornelia erinnerte sich daran, wie nett er immer mit den Kindern sprach, immer zu Scherzen aufgelegt war, wenn sie ihn und seinen Karren umringten. Sie hatte ihn mal allein abgepaßt und gefragt: „Warum tust Du diese Arbeit?" - Seine Antwort: „Weil ich den Schiet aufheben muß, den die Braunen fallen lassen." Auf Cornelias Einwand, daß es doch auch schwarze, graue und weiße Pferde gäbe, hatte er mit einem seltsamen Lächeln - das von ganz weit herkam - die Schultern gezuckt. Dann hatte er sich wieder selbst vor seinen gediegenen Karren gespannt und war weitergezogen. - „Er hat der Welt den Rücken gekehrt, weil er den Druck der Verhältnisse nicht mehr ertragen konnte", war da wieder des Vaters Stimme. Und so hatte sie die Oma unlängst getröstet: „Karli kommt nicht mehr. Er lebt jetzt im Paradies, dort ist's ihm wohler."

Über „Schutzhaft" und „Internie...." (schwieriges Wort, das sie nur dem Klang nach behalten konnte) wurde gewispert. - Und daß Gegner der neuen Re-Gier-ung sich zu einer dieser neuen Gruppen anmeldeten, um Arbeitsstelle und den Schutz der Familie zu erhalten.

„A b s u r d ! A b s u r d !" rief jemand.

„Die Welt ist wie ein Kreuz-Wort-Rätsel mit lauter Fremdwörtern", stellte das Kind fest.

„Würde nach solchen traurigen und ängstlichen 'Geheimnissereien' das Hannchen, ihre Mutter, noch den Mut haben, die Laute zu schlagen zum fröhlichen Liederabend im großen Familienkreis? War die stets ersehnte Geborgenheit der Kinder im Kreise der Erwachsenen für immer verloren?" - Noch belebten die Lieder die große Familiengemeinschaft an linden Sommerabenden in der Hoflaube - doch bald - sehr bald - kam dann der Abschied - der Tod der Lieder.

Vor dem größten bösen Tag des Jahres wurden die Bewohner ihres Familien-Wohn-Hauses noch mit

46

herrlichen Bade- und Wandertagen beglückt. Die Suche der Frau Hanna nach hübschen Kleiderstoffen für die Familie lenkte ab.

Und dann war d a s wieder da: Der schlechte Ton - das mulmige Gefühl in der Magengrube. Weil in einem neu übernommenen Geschäft die Ware dem kritischen Blick der Mutter nicht standhielt, bekam sie eine freche Antwort: „Dann gehen Sie doch dorthin, wo sie s o n s t immer kaufen", brüllte mit bissigem Grinsen der Ladeninhaber. Während Cornelia die Knie zitterten, legte Mutter Johanna ihre angeborene Adelsmiene auf, zog das Kind eng an sich und verließ in stolzer Haltung den Laden. ...'Ihr Stolz vergehen"...hallte nach. Das „S o n s t" hatte das Kind auch kennengelernt. Die Inhaberin eines Textilgeschäftes hatte geklagt: „Wir erhalten keine Lieferungen mehr, haben gar keine rechte Auswahl, nur noch Dekorationsstoffe, 'müssen wohl bald den Laden schließen. Ich bin Ihnen für Ihre Treue dankbar. Aber kommen Sie nicht mehr zu uns! Sie bringen sich und Ihre große Familie in Gefahr." Cornelias Mutter ließ sich nicht einschüchtern und betonte entschieden: „Mein Mann will, daß wir - so gut wir können - Geschäfte unterstützen, die es jetzt schwer haben." - Und sie befaßte sich mit Dekorationsstoffen, die gingen allemal für Dirndl-Kleider und Strandanzüge.

Gelegentlich bemerkte Cornelias Oma: „Jetzt habe ich bei i h m den letzten 'Priem' und auch noch eine einfache Pfeife (aus dem Rentner-Portemonnaie) gekauft. Die Zigarrenkästen sind längst leer." Der bärtige, alte Tabakwarenhändler war der Großvater einer hübschen Mitschülerin mit einem langen, blonden, im Nacken geklammerten Haarschopf. „Warum fuhr er wohl nicht mit den jungen Leuten auf einem stolzen (?) Auswandererdampfer über den großen Ozean?"

Verkaufte er früher nicht auch Bonbons und Praliné-Kästen, die er in seinem hinteren Stübchen gelagert hatte? Cornelia hatte kleines Taschengeld dafür. Sie machte sich auf den kurzen Weg zu seinem Laden. Das außergewöhnlich schöne Türgeläut erklang wie zum Hohn, der ehrwürdige und tieftraurige Herr (des Ladens) zuckte vor seiner eigenen Türglocke zusammen. Er hatte keine Bonbons mehr. Cornelia machte ihren tiefsten und schönsten Knicks und sagte „Auf Wiedersehen!" - Sie sah ihn nicht wieder.

Die Erwachsenen steckten die Köpfe zusammen, flüsterten sich geheime Neuigkeiten zu und sprachen plötzlich vom Wetter, wenn sie sich beobachtet fühlten. Das Wetter des voranschreitenden Jahres war - innen wie außen - zum Zittern, ein schmuddeliger Herbst. Frühere nette Freundinnen übernahmen von den Erwachsenen Spottlieder auf die Verachteten und Verfemten im Lande. Kinderfreundschaften zerbrachen. Cornelia hatte die Flüstertöne, aber auch die scharfen Töne kennengelernt. Sie spürte die Ängste ihrer Zeit auf und verlor stückweise ihre kindliche Unbekümmertheit.

Es war nicht der von schweren, dunklen Wolken verhangene Himmel und nicht der kalte Dauerregen, der einen Novembertag zum Dunkelsten des Jahres machte; Cornelia wurde Zeugin von Unrecht und Gewalt:

In der regenfreien langen Pause wurden die Schulkinder bei einem temperamentvollen Lauf auf den großen Pausenhof, im Volksmund immer noch „Schloßplatz", von einer Lehrerkette aufgehalten und in den kleinen „Milchhof" zurückgedrängt. Cornelia fürchtete immer schon Enge, Zwänge und Gedränge. Sie entfloh der „Heringsdose" unbemerkt und rannte quer über den großen Schulhof. Ziel waren die schützenden Lindenbäume, die den riesigen Platz gegen die grob gepflasterte, schmale Altstadt-Straße abgrenzte; die gefiel ihr wegen der idyllischen Gartenausgänge von Hausgrundstükken der parallel gelegenen Hauptstraße. Sie streckte ihre Nase lufthungrig dem herbstlich gefärbten, schon lückenhaften Blätterdach entgegen und erschrak verwundert über ungewohnten scharfen Modergeruch. Aufgefangenes Regenwasser plätscherte im Schwall auf die steinige Straße. Trotz Kälte und Nässe freute sie sich über die Freiheit, die sie glaubte, gewonnen zu haben, und lehnte sich an den Lindenbaum wie an einen guten Freund. Aber die Brottasche blieb ungeöffnet.

Cornelia war nicht allein. Aufgerissene große braune Kinderaugen hatten sie in ihren Bann gezogen. Sie gehörten gutgekleideten Jungen etwa ihres Alters - es waren ihrer fünf oder sechs -, die barfüßig in einer Reihe auf dem Pflaster standen. „Macht ihr eine Mutprobe?" Cornelia dachte an die „Indianer-Freunde" vom Spielplatz und machte mit, was sie zunächst für „Spiel" hielt. Wieder einmal trotzte sie sich : „Wenn ich auch ein Mädchen bin ..." Sie versuchte, mit den Jungen zu reden. Einer zuckte mehrmals mit raschen Bewegungen den Kopf zur Seite. Sollte das wohl bedeuten:

„Nein - geh weg!" Noch verwirrender wurde es, als zwei Männer in braunen Uniformen auf der Gegenseite der Straße vorbeischritten. Cornelia trat aus der Baumreihe hervor und ergatterte Wortfetzen: „aber ... gehört doch nicht ..." Derbe Stiefel zerknirschten weiße und bunte Glasscherben. Mit Blick zur linken Seite erfaßte sie alles, das ganze Unglück: Zerschlagene Möbelstücke übersäten den hinteren Teil des Straßenzuges. Aus hohen Dächern schlugen Flammen gegen den grauen Himmel. Es knackte, fauchte. Brandgeruch vermischte sich mit modriger Herbstluft. Ein Dachstuhl stürzte krachend ein und gierig umzüngelte eine riesige Brandfackel eine hohe, hehre Hauswand.

Cornelia scheute sich, weiter hinzusehen.

„Kein Brandunglück vom heißen Ofen! Keine Feuerwehr! Keine Mutprobe!"

Ihr Herz schlug bis zum Halse, schnürte wie mit Nadelspitzen den Atem ein.

„Hier geschah etwas Ungeheuerliches. Hier war das Böse an sich.

Weglaufen wäre 'schoflig' - nein - sie wollte bei den Kindern ausharren und nicht zur Schule zurücklaufen - aber nicht weiter barfüßig - denn sie war ja nur ein Mädchen."

Gerade war sie mit ihren Eisbeinen in unverschnürte Stiefel geschlüpft, als eine wütende Frauenstimme sie aufschreckte. Ihre Klassenlehrerin zog sie auf den kleinen Schulhof und überwachte ihren Verbleib mit Argus-Augen.

„Du bist wieder aus der Reihe getanzt", hieß es zu Hause.

Cornelia überhörte den Vorwurf. Sie weinte: „Die schöne Kirche hat gebrannt, und keine Feuerwehr kam."

„Doch, sie kam noch", berichtigten die älteren Geschwister, „aber erst, als die Flammen drohten, auf Nachbargrundstücke überzugreifen."

Aus der Unterredung der Eltern behielt Cornelia Gesprächsbrocken: „Brandstiftung - geheime Mitteilung: schwarze Liste - beim Betreten jüdischer Geschäfte photographiert - war doch wohl keine geheime Wahl, damals."

Das zweiteilige Radio ältester Bauart mit großer Senderwahl verschwand im Kleiderschrank und wurde nur kurzzeitig benutzt - befragt - gehört.

Wer dem Schlimmsten entgehen konnte, wurde - gewollt oder ungewollt - in das System der Re-Gier-ung hineingesogen - vom Pimpf bis zum Arbeitsdienstler und schließlich als Soldat - mit der Parallele auf der weiblichen Seite.

Großmutter blieb sich selbst treu, machte ihren privaten Journalismus, ihr entging nichts. Sie versuchte sogar, Braune, die sie noch als gute Jungs von früher kannte, auf mütterliche Art milde zu stimmen. An der Hand ihrer Oma sah und hörte Cornelia einmal diese Bekehrungsversuche. Die Großmutter setzte auf ihre Diplomatie, ging aber schließlich dazu über, ihre Meinung stark verschlüsselt anzubringen. Was für ein Mut! Aber man mußte sich wohl darauf geeinigt haben, sie als alte Närrin abzutun - und außerdem war sie ja Mutter von fünf wehrtüchtigen Söhnen mit männlichem Nachwuchs.

Die Familie zitterte oftmals um sie (sie brächte noch alle in des Teufels Küche).
Cornelia betrachtete ihre Oma als irdischen Schutzengel.

Die Zeit machte auch die Kinder immer nachdenklicher. Aus Cornelia wurde eine besessene Näherin. Im stillen Eckchen traten die Bilder der Zeit an sie heran. Die Erinnerung an glänzende Angstaugen nagte an ihrem Herzen. In ihre akkurate Arbeit nähte sie die Gedanken mit hinein: Stich für Stich.

Mechthild Sourisseau

WIR WOLLEN NICHT MEHR LEBEN WAGEN

Gedichte

Illustration: Irma Scheuer

Mechthild Sourisseau

Leidenschaft

Die Leidenschaft zum Absoluten
Und auch zum absoluten Guten,
Die fehlt uns hier auf dieser Welt.

Und auch der Drang zu guten Taten,
Weil wir uns viel zu lang beraten,
Weshalb es hier so schlecht bestellt.

Es fehlt die schöpferische Quelle.
Es fehlt der Mensch, der auf der Welle
Des Lebens mir die Stange hält.

Wir wollen nicht mehr Leben wagen,
Um endlich einmal zuzuschlagen
Auf die, die Menschen hier verprellt.

Mechthild Sourisseau

Einsicht

Er weiß meist nicht mehr, was er tat.
Der's wußte, der stieg aus.
Der eine steht zu seiner Tat,
Der andre zieht sich raus.

Hab' ich das wirklich mal getan?
Fragt man sich hinterher.
Ich wollt wollt' nur brechen mir die Bahn.
Die Konsequenz ist schwer.

Ich möcht' benutzen den Verstand,
Der sagt: Das kann nicht sein.
Bis ich's Gedächtnis angewandt,
Das sagt: Ich war's allein.

Mechthild Sourisseau

Hoffnung

Nur was du zuläßt ist erlaubt.
Selbst wenn es den Verstand dir raubt,
kommst du auch wieder zu dir selbst,
bedenkst, was du spontan gewählt.

Drum denke vorher, eh du handelst,
oder gar deine Meinung wandelst,
denn hinterher ist es zu spät
und sinnlos, was man dir jetzt rät.

Du kannst das Schicksal zwar zerreißen,
oder auch auf die Zähne beißen,
entscheiden: Hier kämpfe ich weiter.

Ich hab' das alles zugelassen,
weil ich die Zukunft nicht konnt' fassen,
vielleicht wird's eine Himmelsleiter.

Mechthild Sourisseau

Brücke

Du bist die Brücke zur Unendlichkeit
und wagtest stufenweise sie zu gehn,
bliebst nicht auf halbem Wege stehn
und spanntest sie durch Raum und Zeit.

Wer bringt es fertig alles dies zu wagen,
hineinzutauchen in das tiefste Leben,
die Sünde und die Schuld zu heben
und sie ans Kreuz für uns zu tragen?

Dazu gehörte viel Gelassenheit
und Mut das Leben zu ertragen,
sein Wirken nur mit Gott zu wagen
und nicht zu zagen in der Zeit.

Mechthild Sourisseau

Wandlung

Versprich mir nichts, Geliebter hier,
Sonst stoßen wir an Grenzen.
Lass' Weite und auch Freiheit mir,
Lass' mich dich nur ergänzen.

Laß nichts hier zur Gewohnheit werden,
Gib' mir den Himmel frei.
Daß wir uns lieben hier auf Erden
Stets ein Geheimnis sei.

Ich muß dich übersteh'n im Werden,
Sonst bleibt nur bitt're Reu.
Ich will nicht bleiben hier auf Erden,
Verwandeln mich auf's neu.

Mechthild Sourisseau

Irrtum

Gott ist nicht eine Projektion der Seele.
Es stimmt nicht, daß ich ihn erwähle.
Er hat erwählt uns vor der Zeit,
Gemacht zur Ewigkeit bereit.

Den Sohn hat er zu uns gebracht,
Das Wort für uns zu Fleisch gemacht.
So hallte es im leeren Raum,
Und wir verständen dieses kaum.

Nur das, was ich erlitten und erlebt,
Wofür mein Herz einmal erbebt'
Kann ich als Wort erfassen hier.

Wär' ich nicht durch die Welt gegangen
Und hätte alles angefangen,
Ich könnt' nichts sagen dir von mir.

Mechthild Sourisseau

Wozu ?

Wir brauchen Gott, weil er vollkommen ist,
Doch lauf ich diesem Anspruch hinterher,
Muß retardieren oft und setzen eine Frist,
Um Werden nachzuholen mehr und mehr.

Ich kann ihn nur erreichen Stuf' um Stufe.
Er ist kein neuerfund'ner Automat.
Selbst wenn ich im Gebet Ihn rufe,
so wartet er Entwicklungen erst ab.

Er wartet bis wir zu Ihm reifen.
Die Worte gab er uns dazu.
Wir müssen sie nur erst begreifen,
Erkenntnis hilft uns hier dazu.

Günter Stahl

IN MEMORIAM

Professor
Dr. Pinchas Lapide +

(* Wien 28.11.1922
+ Frankfurt am Main 23.10.1997)

Günter Stahl

in memoriam
Professor Dr. Pinchas Lapide

Das Jahr 1997 war für die FBB Freudenberger Begegnung und damit auch für die Evangelische Dreikönigsgemeinde Wiesbaden ein dunkles Jahr. Vollkommen unerwartet verstarben in diesem Jahr Freunde, Förderer und Gäste der FBB, wie Komponist Erwin Amend 1919-1997 (Wer? 1996/97, S. 18; BläFBB*, Bände 4f), Mainz, Weilburg a.d. Lahn; Politikerin Dr. Margret Funke-Schmitt-Rink 1946-1998 (Wer? 1996/97, 398); Bildhauer Georg von Kovats 1912-1997 (Wer? 1996/97, 793; BläFBB, Darmstadt, Gauting bei München Univ.-Prof. Dr. Martin Rock 1932-1997 (Wer? 1996/97, 1174), Mainz; Professor Dipl.-Ing. Karl Wimmenauer, Architekt BDA (1914-1997; Wer? 1996/97, 1574), u.a. ein Freund von Joseph Beuys+, Georg von Kovats+, James Stirling+, Düsseldorf, Wiesbaden.

Viele Menschen haben -und somit auch die FBB- den noblen und großherzigen Persönlichkeiten viel zu verdanken. Jeder hat auf seine Weise vom herzlieben GUten, dem Ewigen, gelobt sei ER/SIE/ES, von SEiner Schöfung, mehr oder weniger direkt gesprochen und (auch mit aller Nüchternheit) geschwärmt. Diese herzhaft existierenden Menschen gaben vielen ihrer Zeitgenossen Orientierung, Hoffnung wider alle Hoffnung ...

Und nun verschlang der Tod vollkommen unvorbereitet den bedeutsam fruchtbaren und hochgeachteten jüdischen Religionsphilosophen,

Professor Dr. Pinchas Lapide (s. Brockhaus-Enzyklopädie, MA 13, 1990, S. 82; Munzinger-Archiv, Ravensburg; BläFBB). Die Zeitungs-Nachricht am Samstag war unfaßlich. Die Witwe, Frau Ruth Lapid-Rosenblatt, rief an und sagte am Sonntagmorgen: Mein Mann und ich nahmen an einem Kongreß mit rund 200 Personen in Lobethal bei Hannover am vergangenen Wochenende teil. Es gab eine Feier und wir freuten uns. *** Aber - Pinchas Lapide wurde unerwartet grippekrank. Er mußte in ein Krankenhaus von Frankfurt am Main. Und dort geschah das nicht Faßliche und nicht für möglich Gehaltene: Dr. Pinchas Lapide verstarb am Donnerstag, dem 23. Oktober 1997. Nun wurde seine leibliche Hülle am Montag, dem 27. Oktober 1997, 15 Uhr, auf dem Jüdischen Friedhof in Frankfurt im Rahmen einer religiösen Feier beigesetzt. Ruth Lapid-Rosenblatt (eine gebürtige Wienerin) bat, an der Trauerfeier teilzunehmen. - Ja - dieser Bitte kamen gewiß viele Menschen gerne nach. Pinchas Lapide war mit seiner lieben Frau wie ein Zwillingspaar, das sich unentwegt gegenseitig befruchtete. Jeder von ihnen hatte dabei eine spezielle Aufgabe.

Viele Menschen sind dankbar, diesem grossen Denker mit seiner so geistvollen und charmanten Lebensgefährtin, Ruth, begegnen zu dürfen. Er, der ein Schüler von Martin Buber war, verstand es, daß Menschen den Mut finden, ihren je eigenen Kopf und Herz selbst zu gebrauchen. ... Und dies führt zu einem gründlichen Verstehen von biblischen Schriften. Er war dabei ein unermüdlicher Brückenbauer, ein pontifex maximus, zwischen Juden und Christen. Seiner unfaßlich zurückhaltenden Bescheidenheit war es geschenkt, daß sein Reden von den schriftlichen Zeugnissen, von Thora und Neuem Testament, die vom UNfaßlichen, vom LEbendig EWigen künden, so Überzeugend, so glaubwürdig, ge-lobenswert ist. ...

Pinchas Lapide konnte begreiflich machen, was Leben, Lieben bedeutet: Das gelingt (nur glückhaft), wenn das Gegenüber, wenn Mit-Menschen, Mit-Geschöpfe, Natürliche Gegebenheiten ernst genommen werden. Fruchtbares Leben entfaltet sich aus dem guten Gegen-Über. ... Auch in seinen zahlreichen Veröffentlichungen hat er ein großartiges Vermächtnis hinterlassen. Nun gilt es, daß die so verschiedenen Menschen die 'Stafetten' aufnehmen, um stets unermüdlich Wege zu werdendem, würdevollem Leben zu bereiten.

Dies wollen wir auch künftig bei der FBB versuchen. Wir wollen mit Frau Ruth Lapid-Rosenblatt in Kontakt bleiben. Dies soll auch im Sinne von Johann Wolfgang von Goethe geschehen: Spiel ein schönes Spiel mit mir.

Der EWIge, gelobt sei ER/SIE, erbarme sich der Seelen, der wesend hingeschiedenen und noch lebenden!

Die Beisetzung fand am Montag, dem 27. Oktober 1997 auf dem Neuen Jüdischen Friedhof in Frankfurt am Main, Eckenheimer Landstraße, statt. Die Witwe Ruth P.-L. und deren Sohn wurden insbesondere begleitet von Bundestagspräsidentin Professor Dr. Rita Süßmuth, Bonn, und einem Rabbiner. In der Leichenhalle sang zunächst ein Kantor einen Chaddusch, und danach sprachen und würdigten Professor Lapide insbesondere: Rita Süßmuth; Linda Reisch, Stadträtin zu Frankfurt am Main, Pfarrerin Helga Tröske, die Pröpstin der Evangelischen Kirche Frankfurt,

Univ.-Prof. Dr. Martin Stöhr, der vormalige Leiter der Ev. Akademie Arnoldshain; ein Geistlicher Herr der Rheinischen Kirche; ein Priester der Katholischen Kirche zu Frankfurt am Main.

Beeindruckend war, wie nach einem kurzen Gebet, der rechteckig spartane Weichholz-Sarg in das Grab gelassen wurde. Einige wenige Menschen warfen Erde auf den Sarg. Danach schaufelten die Friedhofsarbeiter im Beisein der Trauergemeinde das Grab zu. Steinchen wurden -auch zwischendurch- in und auf das Grab geworfen und schließlich gelegt.

Die Trauergemeinde war danach von der Familie Pinchas Lapide zu einem Leichenschmaus in der Budge-Stiftung, Wilhelmshöher Straße, eingeladen worden.

Das hohe Vermächtnis von Pinchas Lapide ist das Fördern des entschiedenen Willens zur Entfeindung zwischen Menschen (s. u.a. BläFBB, Bd. 5, S. 549ff). Davon sprach er auch beispielsweise anläßlich der Verleihung des Großen Bundesverdienstkreuzes im Römer zu Frankfurt am Main durch den damaligen Oberbürgermeister Andreas von Schoeler.

* **Anmerkung:** BläFBB Blätter um die Freudenberger Begegnung, hrsg. von G. Stahl, Bände 1-4, Wiesbaden; Band 5, Offenbach am Main.

Klaus Steinhaußen

JUSSUF

Erzählung

Klaus Steinhaußen

Jussuf

In Homs, dem antiken Emesa, das dem Römerreich einst einen Kaiser gab, führte mich Jussuf zu einer schmucklosen romanischen Kirche. Inmitten alter Häuser, deren fensterlose Außenwände zudringliche Blicke abwehrten, stand sie an einem stillen, von Palmen beschatteten Platz dicht neben einer Synagoge und einer Moschee. Der katholische Priester, der uns am Fuß der Vortreppe empfing, hatte unseretwegen seinen Ornat angelegt. Er führte uns durch das schlichte Gemäuer. Was es einmal an Kunst enthalten habe, übersetzte ihn Jussuf, sei längst geraubt oder zerstört. Stolz aber geleitete er uns zu einer Vitrine und deutete auf ein zylinderförmiges Steinbehältnis hinter Glas.

Sein Vorgänger, so erzählte er, ein gelehrter, sprachkundiger Mann, habe in einer uralten indischen Schrift eine Skizze dieser, seiner Kirche in Syrien entdeckt und dabei einen detaillierten Bericht, demzufolge ein Gürtel der Jungfrau Maria von den Türken hierher gerettet und beim Nachrücken der Muslime nahe dem Altar vergraben worden sei. Der genau bezeichnete Ort war inzwischen überbaut. Nach langem Hin und Her, ob der Bericht glaubwürdig sei, habe die Gemeinde der Suche zugestimmt. Für den nötigen Umbau sammelte man Geld. Tatsächlich fand man das beschriebene Behältnis und den Gürtel darin.

In deutschen Domschätzen hatte ich in Silber gefaßte Knochen von Heiligen und zerschlissene, einst prächtige Gewänder gesehen. Sie blieben tot, solange sich damit für mich keine lebendige Vorstellung verband. Den vermeintlichen Gürtel Marias hatten englische Fachleute begutachtet. Um von der Mutter des Jesus benutzt worden zu sein, war sein Gewebe etwa zweihundert Jahre zu jung. Doch als Zeugnis lebendigen Glaubens und des Schicksals des Landes, meinte der Priester, sei es der Verehrung wert.

Mamas Gürtel, sagte Jussuf. Einen solchen grobgewebten Gürtel habe seine Mutter gehabt. Einen ähnlichen habe er seiner Frau nach der Geburt ihres ältesten Sohnes geschenkt.

Jussuf hatte mir erzählt, daß er in einem Dorf bei Jerusalem geboren und von dort als Kind vertrieben worden sei. Seine Eltern und zwei seiner Geschwister hatten die „Landnahme" nicht überlebt. In Flüchtlingslagern wuchs er auf. Die Palästinenserorganisation hatte ihn nach Ostdeutschland geschickt. An derselben Technischen Hochschule in Dresden, wie zwei Jahrzehnte zuvor ich, hatte er studiert. In die Lehrerin, die ihm ein sächsisch gefärbtes Deutsch beibrachte, hatte er sich verliebt. Sie nahm ihn zu ihren Eltern und Geschwistern mit. Fünf Jahre später gab sie seinetwegen ihren Lehrerberuf auf. Nach einer großen fröhlichen Hochzeit in ihrem Heimatdorf folgte sie ihm. In Beiruth hatte sie Arabisch gelernt und drei Söhne zur Welt gebracht. Den schwierigen, nicht ungefährlichen Alltag in der zunehmend umstrittenen Stadt, hatten sie selbstlos miteinander geteilt. Als sie der Zerstörung ihres Hauses nur knapp entkamen, waren sie zu fünft über die Grenze nach Syrien geflohen.

Glaubst du an Gott? fragte ich ihn, als wir die kleine Kirche in Homs verließen. Ich weiß es nicht mehr, antwortete er. Aber ich glaube, daß man auch ohne ihn leben und für seine Mitmenschen da sein kann. Der Verlust seiner Kindheit und die seitdem nie endende Rastlosigkeit war ihm nicht anzusehen. Umrahmt von dichtgelocktem, schwarzem Haar sah sein Gesicht wie das wettergegerbte eines Beduinen aus. Die dunklen Augen darin blickten merkwürdig sanft. Im zerstörten Kuneitra, am Fuße des Golan, hatte ich mich hinüber in seine engere Heimat gesehnt. Obwohl ich mit Siebzehn aufgehört hatte zu beten, zog das Stammland christlicher Religion am Toten Meer und am See Genezareth mich unwiderstehlich an. Als Kind hatte ich dem Amen allabendlich, ehe ich einschlief, unerfüllbare Wünsche angehängt. Nun hatte ich am blauhelmbewachten Schlagbaum, der den arabischen vom jüdischen Staat trennt, an die Grenze mitten durch Deutschland und an meine unerreichbar gewordene frühe Heimat an der Nordsee gedacht.

In Damaskus hatte Jussuf mich am ersten Abend in die enge Kellerwohnung eines palästinensischen Freundes geführt. Anders als Jussuf schien er alt und grau, doch weniger ernst. Er hatte Schnurren aus der gemeinsamen Flüchtlingskindheit mit Jussuf erzählt und dann Gitarre gespielt. Neben ihm seine grazile, scheinbar wesentlich jüngere Frau. Als beide sangen, stimmte Jussuf ein. Unerschöpflich schien ihr Vorrat an Volksmelodien.

Stumm zuhörend, kam ich mir wie ein Abstinenzler unter fröhlichen Zechern vor. Die junge Frau sprühte vor Lebenslust. Liebevoll schaute sie manchmal auf ihren über das Instrument gebeugten Mann. Trotz des Altersunterschieds, dachte ich, scheint sie glücklich zu sein. Auch er hob manchmal zu ihr seinen Blick. Daß seine weitgeöffneten Augen sie nicht sehen konnten, ahnte ich nicht. Von Jussuf erfuhr ich hernach, daß er vorzeitig gealtert, doch noch nicht einmal vierzig sei. Im Nachbarland Jordanien habe er Jahre in einem lichtlosen Keller verbracht. Als er freigelassen wurde, war er blind.

Auch Jussufs Familie hatte ich zu Beginn meiner Reise in einer der staubigen, unwegsamen Betonvororte von Damaskus kennengelernt. Seine Frau Barbara hatte mir Hammelfleisch und Gemüse, dazu sächsische Kartoffelklöße vorgesetzt. Während ich es mir schmecken ließ, durchforschte der älteste, nach seinem deutschen Großvater genannte Sohn Eberhardt beharrlich mein Gesicht. Aus seinen weiten, dunklen Augen blickte sein Vater mich an, wenngleich mir der Sohn nüchterner, weniger verträumt erschien. Er schreibe Gedichte in Deutsch, hatte mir Jussuf gesagt. Ich hätte sie gern gelesen. Aber seine Brüder beanspruchten mich. Der zweitgeborene Abdullah zeigte mir elektronische Basteleien, von denen ich wenig verstand, die er mir aber umso eifriger erklärte. In Mathematik und Physik, meinte Jussuf, sei er fast ein Genie. Der achtjährige Gamel tobte sich mit dem Pinsel aus. Seine grellen Farben flossen zu Visionen ineinander. Ich sah Kamelkarawanen, Derwische und Dämonen und dachte an Tausendundeinenacht. Untereinander sprachen die Söhne arabisch, mit mir aber mühelos deutsch. Sooft es zu ermöglichen war, meinte Jusuffs Frau, hätten sie Ferien bei ihren Großeltern verbracht.

Jussufs Frau Barbara wirkte herb, fast hart. Frauen wie sie, dachte ich, folgen rigeros ihrer Liebe. Sie bereuen nichts. Nur wird ihre Neigung oft durch Mutterliebe verdrängt. Wenn sie Jussuf ins Wort fiel, verstummte er sofort. Gegen sie wirkte er nachgiebig, fast weich. Das er die hochgewachsene, schlanke Brünette immer noch schwärmerisch liebte, verriet sein Blick. Was sie wünschte, würde er tun, dachte ich. Aber was wußte ich wirklich über sie? Neben Jussuf im Auto fuhr ich durch biblisches Land. Im römischen Amphitheater von Bosra, das man inmitten einer arabischen Festung aus Bauschutt grub, hatte er, um mir die Akustik zu demonstrieren, Schillerverse deklamiert. „Freude schöner Götterfunken, Tochter aus Elysium, wir betreten feuertrunken, Himmlische, dein Heiligtum ..." Er ist ein Idealist, hatte ich gedacht. Er glaubt, daß er den Himmel auf die Erde holen kann.

Jussuf war zwei Jahrzehnte jünger als ich. Doch vom ersten Tag an fühlte ich mich ihm nah. Auf der Kreuzritterburg „Krak des Chevalliers", angesichts des nahen Libanon, erzählte er mir von seinem Leben in Beiruth. So gewaltsam es endete, seine ersten Ehejahre mit den heranwachsenden Kindern schienen durch nichts getrübt. Wenige Tage später aber, im erdbebenzerstörten Kloster des Heiligen Simeon grübelte er neben mir vor sich hin. In seine Mundwinkel, so schien mir, grub sich ein schmerzlicher, sogar resignierender Zug. Als ich ihn vorsichtig fragte, was ihn beschäftige, lächelte er schuldbewußt. Ich solle mich nicht durch ihn ablenken lassen, sagte er. Er denke nur über sich nach. Wahrscheinlich werde er alt. Er lachte. Ein Kraut dagegen wüchse auch hier im Orient nicht. Wir saßen nahe der Stelle, wo der Heilige einst hoch über seinesgleichen, die ihn ernährten, sein Leben auf einer Säule beschloß. In Blicknähe unter uns eine Siedlung mit Wasserbehältern auf den Dächern. Dahinter das ockerfarbene Land mit Inseln spärlichen Grüns, bergig bewegt bis zum Horizont.

Worüber Jussuf grübelte, begann ich zu ahnen, als er während unserer Weiterreise von seinen Jahren in Dresden, von seinen deutschen Freunden, vor allem aber von Barbaras Heimatdorf sprach. In ihrer großen Familie hatte er sich, zum ersten Mal seit frühen Kindertagen, zu Hause gefühlt. Sein späterer Schwiegervater war Bauer in einer LPG. Jussuf hatte ihm geholfen im Stall und auf dem Feld. „Am liebsten wäre ich geblieben", sagte er. Aber ich mußte zurück. Das kleine deutsche Land zwischen Werra und Oder, aus dem ich kam, sah er verklärt. Alltägliche Mängel berührten ihn kaum. Über Klagen, die er mit den Sorgen seines Volkes verglich, wunderte er sich. Selbst die achtundsechziger Ereignisse in der nahen Tschechoslowakei hatten ihn nicht ebenso erregt wie dazumal mich. Es war das einzige Mal, daß ich mit ihm stritt. Manche Hoffnung aus Prag, wenngleich nicht jede, hatte ich geteilt. Mit meiner Frau und unseren beiden drei- und vierjährigen Kindern hatte ich damals den ersten gemeinsamen Urlaub erlebt. Plötzlich hatte eine Lautsprecherstimme tschechisch gebrüllt. Neben uns sprangen Urlauber aus dem Nachbarland auf. Tags darauf waren ihre Strandburgen leer.

Als Elektroingenieur hatte Jussuf gehofft, seinem Volk nützlich sein zu können. Doch hatte sich sein Traum bisher nicht erfüllt. Er dolmetschte gelegentlich für Touristen oder für einen Verlag. Er leide nicht Not, sagte er. Ölscheichs unterstützten die PLO und damit auch ihn. Doch je länger er von Almosen leben müsse, um so unnützer fühle er sich. Auch seine Frau vermisse, seit die Kinder heranwüchsen, immer mehr ihren Beruf. Seit sie in Damaskus lebe, wolle sie zurückkehren in unser Land. Und du, fragte ich Jussuf, willst du es auch? Ja, wegen der Kinder, antwortete er, ehe sie arbeitslos sind wie ich. Erfüllt zu leben, sagte er, haben sie hier keine Chance. Als Flüchtlinge sind wir geduldet, aber man braucht uns hier nicht.

Daß seine Frau und er die Übersiedlung schon beantragt hatten, verheimlichte er. Ich glaubte, er zweifele noch. Sich von hier zu lösen, bedeutete, das Schicksal seiner palästinensischen Freunde nicht mehr zu teilen. Der Abschied könnte endgültig sein. Mir schien, ich sei eine Art Orakel für ihn. Doch ihm Unheil zu künden, hätte ich nicht vermocht. Ich ermutigte ihn. Danach kamen wir nicht mehr darauf zurück. Von Tag zu Tag zogen mich neue Eindrücke in ihren Bann. Ich folgte den Spuren einer uralten Kultur, und mir wurde bewußt, wie mannigfach sie sich in unserer europäischen wiederfand. Besonders berührten mich die ausgegrabenen Reste Ugariths und das dort gefundene, in Damaskus aufbewahrte Tontäfelchen mit der Urform unseres Alphabeths.

In Aleppo, ohne den Euphrat zu erreichen, kehrten wir um. Die letzte Etappe meiner Reise begann. Ich hatte meine Heimat schon aus Mittelasien, vom Kaukasus und von der Wolga aus gesehen. Doch noch nirgendwo hatte ich mich ihr so fern und dennoch fast schmerzlich nahe gefühlt. In Hama, der Stadt der berühmten Schöpfräder am Orontes, empfing uns Ahmed Ibrahim, ein Dichter und Arzt, dessen Einladung mir schon bei der Ankunft in Damaskus übermittelt worden war. Nach einer gefühlvollen Begrüßung in Arabisch, die Jussuf erstaunlich bilderreich übertrug, wechselte er unvermutet in ein korrektes, etwas hölzernes Deutsch. Er hatte sowohl in Heidelberg als auch in Leipzig, östlich der Grenze durch Deutschland, studiert. Als Dichter hatte er sich später, gegen politische und finanzielle Vorbehalte, für wechselseitige Besuche syrischer und ostdeutscher Schreibender eingesetzt. Daß ich hier sein durfte, verdankte ich ihm. Einander zu verstehen, setze Kenntnis voraus, sagte er. Wie sonst könne man vorurteilslos achten, was im anderen gewachsen sei.

Unter dem schattigen Rebendach seines Hofes war es angenehm kühl. Vom Deutschen kehrte er in seine klangvolle Muttersprache zurück. Seine Augen flammten auf, während er mir aus dem Gedächtnis eigene Verse sprach. Als Jussuf zu übersetzen versuchte, verwies unser Gastgeber es ihm. Seine herrische Geste kam mir, einem arabischen Landsmann gegenüber, anmaßend vor. Doch während ich zuhörte, verlor sich der flüchtige Eindruck rasch. Vor Jahren hatte ich einmal arabische Verse nachzudichten versucht. Ihr Dichter, mit dem ich befreundet war, hatte sie roh übersetzt. Um mir den Klang zu vermitteln, trug er sie mir vor. Die Fülle der Bilder konnte ich nur erahnen. Vom Original fühlte ich mich, während ich mich um Annäherung mühte, weit entfernt. Ich hatte Gleiches später nur noch im Russischen versucht, das mir durch Lesen vertraut geworden schien. Das Arabische blieb mir fremd.

Während ich Ahmed Ibrahim lauschte, beobachtete ich sein schlohweiß umrahmtes, dennoch jugendlich wirkendes Gesicht. Sein Blick, so schien es, schlug Brücken von den Anfängen der Menschheit bis zur Gegenwart. Mir fielen altmodische Worte wie Weisheit und Güte ein. Ich hörte wieder das Stimmengewirr in den Basaren. In den Gassen mengten sich Autolärm, Karrengerumpel und Eselsgeschrei, darüber die lautsprecherverstärkten Rufe der Muezzins. In der Stille einer Moschee saßen Männer auf Teppichen, in ein Buch vertieft. Vor Schachbrettern oder Wasserpfeife rauchend sah ich sie in Straßencafés. Die verhüllt vorübereilenden, altwirkenden Frauen gingen sie scheinbar nichts an. Die unverhüllten jüngeren, modisch gekleidet und selbstbewußt, schritten achtlos vorbei, gefolgt von Jungen, deren lässige Haltung sich von der Gleichaltriger bei uns kaum unterschied.

Das scheinbar unvereinbar Gegensätzliche faszinierte mich. Augen und Ohren vermochten es kaum zu fassen. Dennoch schien manches vertraut. Inmitten der quirligen Hauptstadt, in einer überfüllten Gaststätte, hatte ich zu Beginn meiner

Reise einen Geschichtenerzähler erlebt. Seiner murmelnden, manchmal anschwellenden, dann wieder leisen, fast hauchenden Stimme lauschte ich wie Gesang. Aus dem Märchenbrunnen meiner Kindheit stieg Schehrezad. Doch erzählte sie mir einstmals nur das, was einem kindlichen Hirn zuzumuten schien. Von der explosiven Erotik und Grausamkeit ihrer unverkürzten Geschichten war ich später überrascht. Ich dachte daran, als ich hier eines Morgens vor meinem Hotelfenster die Leiber dreier öffentlich Hingerichteter baumeln sah.

In Hamas Zentrum hatte ich im Vorüberfahren zerschossene Mauern und schwarze Fensterhöhlen gesehen. Offensichtlich lag die Zerstörung noch nicht lange zurück. Die Muslimbruderschaft, eine fundamentalistische Erneuerungsbewegung des Islam, so erklärte mir Jussuf, habe sich gegen die Präsidentenpartei erhoben. Von Haus zu Haus, gegen erbitterten Widerstand, habe man sie niedergekämpft. Später beim Gastmahl mit Ahmed Ibrahim fragte ich ihn nach der tieferen Ursache des Zwists. Über den üppig gedeckten Tisch sah er mich schweigend und nachsinnend an. Als er sich schließlich zu einer Antwort entschloß, sprach er arabisch. Jussuf übersetzte mit seltsam unbewegtem Gesicht. Ein harmloser Volksbrauch sei an den Zerstörungen schuld, hörte ich. Auf dem Höhepunkt einer Hochzeit, um alles ringsum an der überschäumenden Freude teilnehmen zu lassen, schieße man mit Gewehren und Pistolen auf Stein.

Als Jussuf etwas einzuwenden schien, verwandelte sich plötzlich Ahmed Ibrahims eben noch milde lächelndes Gesicht. Das Lächeln fiel ihm vom Mund. Der unergründliche Blick wurde sekundenlang unnachsichtig hart. Mit einer heftigen Entgegnung brachte er Jussuf zum Schweigen. Eine knappe, unmißverständliche Geste wies ihn wie einen Bediensteten aus dem Raum. Als er sich wieder mir zuwandte, funkelten noch unverhohlen Geringschätzung und Drohung in seinem Blick. Doch in Sekundenschnelle beherrschte er sich. Liebenswürdig lächelte er, als sei nichts geschehen. Wir verstehen uns besser ohne ihn, sagte er. Einen Dolmetscher brauchen wir nicht. Schockiert wollte ich Jussuf folgen, der mir, wie ich in diesem Augenblick begriff, in den vergangenen Tagen zum Freund geworden war. Ich glaubte, er sei ebenfalls ihr Gast, sagte ich. Doch Ahmed Ibrahim antwortete nicht.

Zu einem Gespräch kam es nicht mehr. Wir tauschten nur noch Floskeln aus. Meinen Gastgeber attackieren, gar kränken wollte ich nicht. Mit höflichen Redensarten beendete ich den Besuch. Ahmed Ibrahim überreichte mir einen Band seiner Gedichte. Er selber hatte ihn phantasievoll illustriert. Könnte ich darin lesen, dachte ich, vielleicht verstünde ich ihn. Als ich mich im Vorraum seines Hauses verabschiedete, sprach er wieder arabisch, überschwenglich wie zu Beginn. Doch ohne Jussuf erreichte mich nur der Klang. Jussuf, der im Auto auf mich wartete, erwähnte das Geschehene nicht. So rührte auch ich nicht daran. Im Stadtzentrum fuhren wir wieder an den zerstörten Mauern vorbei. Eine blutige Hochzeit, sagte ich. Jussuf aber erwiderte: Du hast ihn veranlaßt zu lügen. Besser, du hättest ihn nicht gefragt.

Ich fühlte mich schuldig, ohne zu wissen warum. An die Niederlage seiner Freunde, meinte Jussuf, wolle er durch mich, einen Fremden, nicht erinnert sein. Womöglich habe ich ihn mir weiser vorgestellt und sei nun von ihm enttäuscht. Er hasse den Präsidenten und mit ihm alles, was seine Ideale bedroht. Der Präsident habe das Volk zwar ein Stück aus feudaler Knechtschaft und religiöser Enge geführt. Aber noch längst nicht sei es von Armut und Unterdrückung frei. Hatte ich in meiner Bewunderung für die ungewöhnliche, mir letztlich fremd bleibende Lebensart und die steinernen Relikte dieses Landes übersehen, daß es seit Baals Zeiten ein Schlachtfeld war? Warum sollte es plötzlich befriedet sein? Der Präsident lächelte von Hauswänden und Fotoketten über den Straßen auf mich herab. Im Speisesaal eines Hotels hatte er uns in Marmor, fünffach nebeneinander, beim Frühstück zugeschaut. Ich hatte mich darüber amüsiert. Doch wie weit waren wir daheim von ähnlichem Kult entfernt? Warum nahm ich ihn dort hin, obwohl er mir längst zuwider war? Als Kind hatte ich einem Führer vertraut. Das Trümmermeer, das Hitler hinterließ, hatte mich gegen die Verherrlichung neuer Autoritäten mißtrauisch, jedoch gegen Irrtümer nicht immun gemacht. Von Zweifeln und Selbstzweifeln konnte ich mich - „himmelhochjauchzend", „zu Tode betrübt" - nie ganz befreien.

Ehe wir Hama verließen, verweilten wir am Orontes. Die mächtigen hölzernen Räder drehten sich nicht mehr. Doch noch vor kurzem schöpften sie Wasser auf das höher gelegene Land. Waren sie nicht Sinnbild eines unendlichen, dem Einzelnen manchmal sinnlos erscheinenden, doch sich ständig erneuernden menschlichen Mühens? Wieder einmal, wie schon mehrmals in diesem erstaunlichen Land, hatte ich das seltsame Gefühl, an einem Ursprung meiner selbst angelangt zu sein. Etwas Ähnliches hatte ich vor einigen Jahren mit meinen Kindern im Riesengebirge empfunden, als ich auf einer weiten Quellwiese aus unzähligen Rinnsalen die Elbe zusammenfließen sah. An der Nordsee, wo sie mündete, hatte ich als Seemannsjunge den Schiffen nachgeschaut. In ihrer Mitte, im alten Meißen, hatte ich Krieg und Nachkrieg erlebt. Im zerstörten Dresden hatte ich mir eine heile und bessere Welt erträumt, als es sie jemals gab.

Abweichend von der Hauptstraße nach Damaskus, besuchten wir noch ein abseits gelegenes, zwischen Felsen gezwängtes Dorf. Seine Bewohner hatten früher in Höhlen gelebt. Längst waren diese verwaist. Noch immer aber sprach man hier aramäisch wie einst Jesus von Nazareth. Es war, als stehe die Zeit still. Die Glocken einer christlichen Kirche mischten sich mit den Rufen des Muezzin. Wir schlenderten zwischen den Häusern, aßen und tranken und spürten, unter einem Olivenbaum sitzend, die Erde unter uns. Wir werden uns wiedersehen, sagte Jussuf. Wenn ich mit Barbara und den Jungen bei euch angekommen bin, wirst du unser erster Gast. Tags darauf, beim obligatorischen Abschiedsgespräch in der Botschaft wurde ich gefragt, ob ich mit Jussuf zufrieden gewesen sei. Wenn ich künftig an dieses Land denke, erwiderte ich, sehe ich ihn. Und was würden sie sagen, wenn er nicht mehr hier leben will? fragte der Botschafter. Ich würde ihm helfen, sagte ich, damit er mit seiner Familie bei uns leben kann. Machen sie es sich damit nicht etwas zu leicht? meinte mein Gegenüber. Unsere Regierung ist an ihm als Palästinenser hier, aber nicht bei uns interessiert.

Während Jussuf mich zum Flughafen brachte, sprach er erneut von Wiedersehen. Einsilbig saß ich neben ihm. Von dem Land, das er bewunderte, zurückgewiesen zu werden, kam ihm nicht in den Sinn. An der Sperre, vor der wir uns trennen mußten, war mir der Hals wie zugeschnürt. Um Jussuf nicht in die Augen sehen zu müssen, umarmte ich ihn. Als er sich abwandte, spürte ich Perlen in meiner Hand. Sie gehörten zu einer Kette, wie ich sie während der Reise sowohl bei Meditierenden in Moscheen als auch bei Gesprächspartnern wie Ahmed Ibrahim sah. Unaufhörlich glitten die Perlen der endlosen Kette durch seine Finger. Ehe er einen Gedanken aussprach, so schien es, betastete er sie. Nach Jussuf wandte ich mich hinter der Sperre nochmals um. Ruhig und unauffällig, einem vorbedachten Ziel scheinbar selbstgewiß folgend, schritt er durch die Ausgangstür. Wie aus Eis schmerzten die Perlen in meiner Hand. Aber sie schmolzen nicht, obwohl mir das Blut zu sieden schien. Warum hatte ich Jussuf verschwiegen, daß er in unserem Land nicht willkommen war?

Die Zwischenlandung auf Zypern blieb mir im Gedächtnis, weil ich sehr durstig und ohne einen Devisenpfennig war. Der Anlaß war lächerlich, doch angesichts des überquellenden Shops, in dem ich meinen Durst nicht stillen konnte, schämte ich mich für mein Land.

Im Sommer darauf meldete sich Jussuf unerwartet aus einem Thüringer Aufnahmeheim. Wo genau seine Familie künftig zu Hause sein werde, schrieb er, wisse er noch nicht. Doch er melde sich bald wieder und lade mich ein. Er sei glücklich. Was er insgeheim lange erhofft, ginge nun in Erfüllung. Für seine Familie und ihn beginne alles neu. Um diese Zeit flimmerten in den Stuben unseres Landes bereits unglaubliche Bilder: Jubelnde Urlauberfamilien an offenen Schlagbäumen Österreichs und zurückgelassene, teils verzweifelte Großeltern meiner Generation, die fürchteten, Kinder und Enkel nicht wiederzusehen. Die Ereignisse überstürzten sich. Ein zügelloser Markt und eine ihm dienende Politik schwemmten bisherige Gewißheiten hinweg. Eine schwere Erkrankung, verursacht durch innere Zweifel und Existenzsorgen, drängte meine Gedanken an Jussuf zurück. Halbwegs genesen, schrieb ich an das Aufnahmeheim. Doch wie manch andere Institution war es „abgewickelt". Wohin Jussuf mit seiner Familie geraten war, erfuhr ich nicht. Wo seine Schwiegereltern lebten und wie sie hießen, war mir unbekannt. War Jussufs Familie womöglich dorthin zurückgekehrt, woher sie kam? Von Behörden bekam ich höflich bedauernde Antworten, reichlich gespickt mit Paragraphenzahlen und Verordnungstexten.

Der neue Dschungel schien mir nicht weniger seelenlos wie der Prinzipienmarstall vorher. Um ihn zu überwinden, war ich offenbar nicht mehr ausdauernd und kräftig genug. Früher fühlte ich mich herausgefordert, oft auch provoziert, doch immer gebraucht. Jetzt schien ich wie ein Gegenstand beiseite gestellt. Ich begehrte dagegen auf. Die Sackgassen, in denen ich dabei landete, sind ein Thema für sich. In dem weit größeren, wiedervereinigten Land fühlte ich mich stärker beengt als in dem eng umgrenzten, untergegangenen. Ich schien übergangslos alt geworden zu sein. Manchmal sehe ich noch Jussufs gebräuntes Gesicht. Ich möchte mit ihm darüber reden, was mit uns geschah. Wenn das Gesicht mir zu verschwinden droht, spüre ich wieder die Erregung, die mich krank werden ließ. Dann greife ich nach der Kette, die Jussuf mir gab. Die Holzperlen gleiten durch meine Finger. Die Gedanken ordnen sich. Allmählich spüre ich, wie die Erregung weicht.

Klaus Steinhaußen

Gedichte

Unzeitgemäße Erinnerung an meine Schulferien, Bad Schandau 1942

Noch immer die Dächer, gedrängt an den Hang.
Ich ziehe wieder am Glockenstrang,
abends und morgens, dreihundertmal.
Fledermäuse umschwirren Parzival.
Der Glöckner, dem ich helfe, näht sonst Litzen
auf feldgrauen Stoff, ich darf bei ihm sitzen.
Er hockt auf dem Tisch, unscheinbar klein,
dürr wie das tapfere Schneiderlein.
Für Verwundete, denen der Stoff gehört,
steht mein Vater im Lazarett am Herd.
Manchmal rennt er treppauf, treppab,
bis sein Puls in die Höhe jagt,
damit der Arzt ihn nicht fronttauglich schreibt
und er bei uns in der Heimat bleibt.
Ein Held ist er nicht, sagt meine Mutter.
Er sorgt für Kommisbrot, manchmal auch Butter.
Wenn die Verwundeten genesen,
müssen sie zur Front, wo sie gewesen.
Mein Vater sagt: Ins Heldengrab!
Vom Glöckner holen sie ihre Uniform ab.
Bricht ein Trupp auf, steigt er hinan,

läutet, doch nur sacht, sonst hätte man
auch die letzte Glocke zu Kanonen gegossen.
Es ist schon zuviel Blut geflossen.
Mein Vater betrinkt sich. Er redet nicht.
Meine Mutter schlägt einer Frau ins Gesicht:
„Du Hure hast meine Ehe zerstört!" -
Noch nie habe ich sie so reden gehört.

Die Elbe fließt, als sei nichts geschehen.
Ich sehe mich auf der Brücke stehen
mit meinem Vater - doch er lebt längst nicht mehr.
Es ist schon dreihundert Jahre her.
Auch der Glöckner hat diese Erde verlassen.
Nur Parzival winkt ihm noch aus den Gassen.
Er winkt mit einem weißen Tuch -
Der Glöckner läutet einem Leichenzug.

Klaus Steinhaußen

Politisch Lied - garstig Lied
(Bergarbeiterjugendkongreß -
Westfalenhalle 1958)

Wir hörten es singen
zu viert vor dem Tor:
„Brüder, zur Sonne, zur Freiheit,
Brüder zum Licht empor!"

Als Brüder waren wir
über die Grenze gekommen,
grüßten „Glückauf!",
wurden nicht aufgenommen.

Keine Berührung
mit roten Genossen!
hatten die Alten
in Hamburg beschlossen.

Die Jungen luden Briten
und Portugiesen,
auch Jugoslawen -
wir wurden abgewiesen.

Deutsch war die Saar,
deutsch war die Ruhr,
die Lausitz im Osten -
Kommunismus pur.

Vier Jahrzehnte vergingen.
Offen ist jetzt das Tor.
Warum stehe ich immer noch
zaudernd davor?

Klaus Steinhaußen

Rattenfänger

Unter hoher Denkerstirn,
Augenbüschen, gafft das Tier.
Hinterm Brustbein wütet Zorn,
unterm Zwerchfell lauert Gier.

Und die Felsenburg, der Kopf,
fließt aus wie ein Faß,
bebt in edler Menschlichkeit,
mitleidsvollem Haß.

Bis das Zwechfell revoltiert,
blubbernd sich befreit,
Führers Seelchen wieder jauchzt:
Heureka, zum Streit!

Klaus Steinhaußen

Reklame - Jumping

Nächtlich erhoben,
dröhnend gepriesen,
gelockt von Strömen
gleißenden Lichts,

stürzt er dem Gebrüll
der Gesichter entgegen,
blitzt auf und taucht unter,
pendelt ins Nichts.

Klaus Steinhaußen

Einem Zwölfjährigen, der vor meiner Haustür zu Tode kam ...

Stille, Sanitäter hasten,
kehren um vor dem gefallenen Kind.
Niemand schreit. Nur ungeduldig
fordern Blicke, steuern weiter, blind.

Möchte Berge wälzen in den Moloch,
ihn ersticken, um die Hatz zu enden.
Bin nicht Sisyphos, gar Gott,
kann mich selber nicht mehr wenden.

Wolfgang Streicher

DER UMZUG
DES MYSTIKERS

Erzählung

Illustration: Irma Scheuer

Wolfgang Streicher

„Der Umzug des Mystikers", Umzug in einen
fast leeren Raum, ist der Versuch, symbo-
lisch das allmähliche Leerwerden des Mystikers auszudrücken, um in dieser Leere Gott
zu empfangen und mit ihm eins zu werden.
Das mystische Phänomen ist dabei absolut
ernst gemeint, aber die Schilderung des Um-
zugs selbst nimmt zuweilen ironische, fast
groteske Züge an. Der Mystiker weiß, daß
sein Umzug von den Außenstehenden ko-
misch aufgefaßt werden könnte, aber er be-
kennt sich zu dieser Doppelbödigkeit.

Der Umzug des Mystikers

Meine Wohnung ist voll von Möbeln, die Gott nicht
gefallen. Er hat mir einen Wink gegeben. Ich muß
umziehen und meine Möbel loswerden. Sein Auftrag war jedoch nicht ganz klar, so daß ich nicht
weiß, ob ich mich aller meiner Möbel entledigen
soll. Ich zögere. Meine Möbel sind zum größten Teil
uralt, aber es hat auch einige neue Stücke unter
ihnen. Ich warte, warte, warte, ob Gott sich noch
einmal meldet. Vielleicht sollte ich seinen Befehl
im Schlaf entgegennehmen, wer weiß das schon.
Ich möchte mit ihm ganz eins sein und in diesem
Einssein den Befehl erwarten. Ich fühle mich zugleich völlig leer und völlig erfüllt.
Da ist er, der Auftrag, mein Klavier loszuwerden.
Ich habe manchmal auf ihm gespielt, aber in letzter Zeit immer seltener. Ich weiß, daß Gott mein

Spiel mißfällt. Er will mich ganz leer und ganz von ihm erfüllt; da stört das Klavier.

Ich weiß, daß ich ein Mystiker bin und daß Musik und Mystik nicht zusammenpassen. Der Ausdruck meines Spiels war eigenmächtig; so etwas gefällt Gott nicht. Zwar habe ich zuweilen ein gewisses Glück empfunden, aber heute weiß ich, daß dieses Glück Gott mißfällt. Er akzeptiert nur das Glück in ihm.

Als die Packer kommen, spiele ich zum Abschied noch einmal auf meinem Klavier. Sie bewundern mein Spiel und fragen mich, ob sie das Klavier in meine neue Wohnung bringen sollen. Ich verneine es. Ich kann ihnen nicht erklären, warum mir Gott das Klavierspiel verboten hat. Ich sage zu ihnen, sie sollen es mitnehmen und irgendwo abladen, vielleicht finde sich ein Musikfreund, der es kaufen wolle. Ich habe fast den Eindruck, daß sie rebellieren, daß es ihnen nicht in den Kopf geht, daß ein Mensch, der so gut Klavier spielt, sich seines Klavieres entledigen will. Aber in meiner neuen Wohnung ist ohnehin für ein Klavier kein Platz. Die neue Wohnung ist eng und schmal: Gott hat sie für mich ausgesucht, damit ich beim Beten von nichts abgelenkt werde.

Nachdem die Packer das Klavier mitgenommen haben, schaue ich mich nach weiteren Möbeln, die auch wegmüssen, um. Da ist zunächst das Sofa. Auf ihm habe ich immer meditiert, aber leider habe ich auf ihm auch mit einer ehemaligen Freundin Küsse ausgetauscht, die Gott mißfielen. Ich weiß schon lange, daß Erotisches mit Mystik keine Einheit bilden kann. In Erinnerung an diese Küsse beschließe ich, das Sofa nicht in meine neue Wohnung mitzunehmen. Ich brauche hierzu keine Zusage Gottes; ich kann es selbst entscheiden und weiß nun, daß irdische Liebe mir nie mehr zuteil werden wird. Oder soll ich doch Gott fragen?

Ein dumpfer Liebestraum macht jedoch die Sache klar; ich umarmte meine Freundin im Traum und gab ihr nicht nur Küsse. Ich weiß nicht, wie ich dies vor Gott verantworten soll. Aber die erste Reaktion ist, daß das Sofa weg muß. Ich will Gott im Stehen empfangen, nicht im Sitzen. Ich will ihm keinen liegenden Körper anbieten, auf dem er sich niederlassen kann, sondern ihm stehend entgegen gehen. Aber vielleicht will er mich doch liegend empfangen, wie ein Liebender seine Geliebte. So schwanke ich immer hin und her, bis ich in einem plötzlichen Entschluß das Sofa, das ohnehin schon ziemlich schäbig ist, auch aus meinem Möbelarsenal streiche. Der Transport ist kein Problem, anders als beim Klavier. Die Transportleute versuchen auch nicht, das Sofa zu retten und es in meine neue Wohnung mitzunehmen; sie ahnen wohl, daß sich hier einiges, was Gott mißfiel, zugetragen hat. Vielleicht sind sie mit Gott im Bunde; jedenfalls ist ihnen nichts anzumerken.

Als nächstes streiche ich das Telephon aus meinem Arsenal. Ich schneide die Telephonschnur durch und bin nun von niemanden mehr telephonisch zu erreichen. Gott hat sich ohnhin nie durch das Telephon gemeldet. Und ich selbst habe nie versucht, ihn anzurufen. Ich hätte seine Telephonnummer wissen müssen, aber er hat keine oder eine, die ich nicht kenne. Ich habe versucht, ihn durch eine beliebige Telephonnummer zu erreichen, weil ich weiß, daß er überall ist. Aber es kam immer nur ein hoher Ton und ich weiß nicht, ob dies Gott ist. Jedenfalls ist ein Anruf Gottes durchs Telephon stillos. Aber es dreht sich beim Durchschneiden der Telephonschnur ja auch nicht um Gott, sondern um die vielen, die mich erreichen wollen und die mich von Gott ablenken. Mit ihnen breche ich die Kommunikation ab. In meiner neuen Wohnung wird es kein Telephon mehr geben. Ich empfange telephonisch weder Mann noch Weib, weder Mythen noch Technik, weder Glück noch Unglück. Ich empfange gar nichts mehr. Gott wird sich anders mitteilen.

Als nächstes beschließe ich, meinen Spiegel loszuwerden. Ich habe oft versucht, mein mystisches Verhältnis zu Gott in meinen Gesichtszügen zu deuten. Dies tue ich nun nicht mehr. Mir ist es gleichgültig, ob ich schön oder häßlich, klug oder unklug, ein Weißer oder ein Farbiger bin. Manchmal denke ich, daß mich Gott gleichsam gemeißelt hat, daß mein Gesicht sich unter seinem Einfluß geprägt hat, daß er mir eine Identität gegeben hat. Aber dies ist wohl nicht so. Auch in der größten Süße unserer Begegnung haben sich meine Gesichtszüge nur wenig verändert. Ich will auf jeden Fall jeden Narzißmus vermeiden, selbst wenn dieser das Mystische streifen sollte. Von heute ab will ich nicht mehr wissen, wie ich aussehe; ich werde aussehen wie ein Liebender mit identischen Gesichtszügen, die vielleicht altern, vielleicht nicht, wer weiß das schon. Ich vertraue meine Gesichtszüge Gott an; er wird sie weder schön noch häßlich finden; jedenfalls will ich vor ihn hintreten ohne Bewußtsein meines Aussehens. Erlösung ist nicht nur an einen Körper und ein Gesicht gebunden. Aber ich weiß natürlich nicht, ob er mich erlösen will; er ist in mir und ich in ihm, und ich brauche immer weniger Gegenstände und Möbel, weil all dies mich von ihm ablenkt und seine Süße in mir stört.

Als nächstes beschließe ich, mein Radio wegschaffen zu lassen. Gott hat keinen Sender. Er spricht nicht oder zumindest nicht in Worten. Früher habe ich unaufhörlich am Radio nach einem Sender gesucht, wo ich Gott empfangen wollte, aber es kam immer nur ein hoher Ton, den ich vom Telephon schon kannte. Nun kommt überall Popmusik, eine Musik, die Gott mißfällt und unter deren Einfluß ich Gott nicht empfangen kann. Natürlich kommt auch klassische Musik, kommen˘ Messen und manchmal das Requiem von Mozart. Aber alles in allem bringt mich auch klassische Musik Gott nicht näher, wenn sie ihn auch am Rand berühren mag. Ich habe früher immer schneller am Radio gedreht; die Sender jagten sich, ich dachte, Gott jage mich, aber es war ein Irrtum. Er ist in mir und ich in ihm und ich kann ihn nicht außerhalb meiner zwingen, gegenwärtig zu werden. Er ist ein großes Glück in mir, ein Glück, das mir Musik nicht zu geben vermag. Also auf den Müll mit meinem Radio.

Als nächstes beschließe ich, mein Bett hinauszuwerfen. Ich werde es in meiner neuen Wohnung durch eine Pritsche ersetzen. Der Tiefschlaf ist etwas, was Gott mißfällt. Er liebt den Schlaf, der sofort abgebrochen werden kann, wenn er - Gott - sich meldet. Ich kann mir nicht leisten, die Augen zu schließen, sondern muß sie - wie auf Befehl, zu jeder Zeit auf Gott richten können. Gott erwartet dies so. Ob er es wirklich erwartet, weiß ich nicht; ich habe nie mit ihm darüber gesprochen, aber ich weiß es trotzdem. Das Bett hat etwas Wollüstiges, auch wenn man nicht mit einer Frau darin schläft.

So überlasse ich es den Transportleuten, die es auf den Müll bringen werden. Ich warte auf meiner Pritsche in meiner neuen Wohnung, die ich nach dem Umzug bewohnen werde, auf Gott. Ich bin jeden Augenblick bereit, ihn zu empfangen. Vielleicht werde ich nie mehr in Tiefschlaf versinken, aber Gott ist wichtiger als der Tiefschlaf. Ich werde auch ohne den Tiefschlaf genügend Konzentration aufbringen, um ihn zu empfangen.

Als nächstes werde ich alle Bilder von den Wänden nehmen und sie auf den Müll bringen lassen. Gott ist nicht Bild. Er hat keinen Stil, wenn man davon absieht, daß er sehr süß sein kann. Alles in allem lenken aber Bilder von ihm ab. „Du sollst dir kein Bildnis machen", diese alte jüdische Devise bleibt auch meine Devise. Ich hole also alle Bilder von den Wänden und bringe sie vor die Wohnungstür, wo sie die Transportleute abholen und sie auf Nimmerwiedersehen verschwinden. Es sind schöne Bilder darunter, selbst religiöse. Ich weiß natürlich, daß sich Gott an den Bildern nicht stören würde: Ich könnte ihn trotzdem empfangen, aber oft, wenn ich ihn empfangen habe, fiel mein Blick auf eine Landschaft, die mich von ihm ablenkte. Also auch keine Kaspar David Friedrichs mehr. Die Impressionisten lösen alles in Farbe auf; Gott aber ist weiß, ist wie eine weiße Fläche und spricht aus dieser Fläche, so daß Farben Gott und mich voneinander ablenken. Trotzdem ist der Abtransport meiner Bilder etwas vom Schmerzhaftesten bei der Auflösung meiner Wohnung. Aber ich halte es nur noch bei Weiß aus; Farbiges lenkt mich ab und wird meinem Gott nicht gerecht.

Und nun zu den Büchern. Ich gehe nun die Regale durch, um zu sehen, was alles ausgeschieden werden muß. Fast alles. Auch die Klassiker, auch die Psychologen, Freud, Adler und Jung, alles Systeme, die mich Gott nicht näher bringen. Übrig bleiben ein Dutzend mystischer Bücher, darunter „Der Mann ohne Eigenschaften" von Robert Musil, wegen der taghellen Mystik, an der auch ich teilhabe. Auch Meister Eckhart ist dabei. Aber alles andere wird ausgeschieden und kommt auf den Müll. Früher habe ich viel gelesen, später weniger. Am wichtigsten ist mir ein kleines Tagebuch, in dem ich die Befehle Gottes notiert habe und meine Antworten hierzu. Aber dieses Buch - eigentlich mehr ein Heft - ist nur zum geringsten Teil gefüllt; ich werde es nach und nach ergänzen. Es ist natürlich nicht Literatur im eigentlichen Sinne. Seine Sätze sind kurz; es gibt keine Relativsätze, es enthält keinerlei Psychologie, alles ist mystischer Imperativ, den ich notiere und auf den ich antworte. Dieses Buch, dieses Heft ist mein Allerheiligstes; ich werde es auf jeden Fall retten, es in meiner neuen Wohnung unter die Pritsche legen, um meinen Weg als Mystiker immer gegenwärtig zu haben. Es wird nun beim Ausscheiden der Bücher Zeit, den ganzen Ballast der Bücher, den ich mit mir herumgetragen habe, auch in meinem Bewußtsein zu tilgen. Geh weg Substanz und Akzidenz, geh weg „Kritik der reinen Vernunft", geh weg Bewußtes und Unbewußtes, Verdrängung und anderer Unsinn. Ich habe nie etwas verdrängt; ich habe es alles zu mir genommen, als geistige Speise, deren ich nun nicht mehr bedarf, seit Gott in mir ist. Geht weg, Frustration und Aggression; ich habe euch nie ernst genommen, ich war nicht aggressiv, weil derjenige, der Gott in seinem Herzen empfängt, nie aggressiv wird. Weg mit Übermensch und Untermensch, weg mit allen Hierarchien, allem Erotischen, allen Systemen, von denen im Grunde alle gleich sind. Geh weg, Mythologie, ich war eine Zeitlang in dich vernarrt, aber seit Gott in mir brennt, sind mir deine Bilder gleichgültig.

Und nun steigere ich mich in meinen Umzug hinein, ich scheide alles aus, was ich in meiner neuen Wohnung nicht mehr brauche: Möbel, Begriffe, Wäsche, Tische, das Bett, wie bereits erwähnt, die Waschmaschine, Schränke, Schallplatten, Fernsehen, gut und böse, ja und nein, den Kühlschrank - ich werde mich in meiner neuen Wohnung nicht mehr üppig ernähren, Mann und Weib - es gibt dort nur noch Eingeschlechtlichkeit -, die Vorhänge, Lampen, keusch und unkeusch, Glück und Unglück, Einheit und Vielheit. Übrig bleiben nur noch ein Tisch und zwei Stühle, einen für mich und einen für Gott, falls er sich inkarnieren sollte; man weiß es nicht, aber es ist eher unwahrscheinlich - und eine Pritsche, die mir als Schlafstelle dient. Ich habe mich in meiner neuen Wohnung bereits umgesehen; es ist ein großer Lichtschacht darin, durch den Gott als Licht auf mich fallen kann. Alles in allem bin ich nun für den Empfang Gottes gerüstet; der Umzug war vielleicht gar kein echter Umzug, weil ich ja das Meiste hinausgeworfen habe und doch war es ein Umzug von einer Wohnung in eine andere. Ich werde nun ein echter Mystiker sein. Schon in der ersten Nacht auf meiner Pritsche in meiner neuen Wohnung war ich Gott näher als in meiner alten Wohnung und nun warte ich auf ihn, warte, warte, warte.

Hans Joachim Wegener

KINDER

Gedichte

Illustration: Irma Scheuer

Hans Joachim Wegener

Kinder

Kinder ... sie sind dem Leben anvertraut
wie Flügel schweben sie den Weg
durch Wolken und durch Nebel ..

Kinder ... sie sind die Zeit in sich selbst
wie Uhren, Zeitmaß ihres Lebens
im Takt von Raum und endlich ..

Kinder ... das Leben wird auch Lehre sein
Erfahrung bringt Erkenntnis viel
und Verstehen vom Empfinden ..

Hans Joachim Wegener

Arme Kinder

Kinder verblühen schnell in Jahren
verdursten an antwortlosen Fragen
ertrinken in Mangel und Unwissen

Kinder stehen fragend in Zeiten
vergessen in lichtlosen Weiten
beschränkt in Einblick und Aussicht

Kinder stehen stumm an Zäunen
ersticken an verlorenen Träumen
begrenzt an Hoffnung und Zuversicht

Hans Joachim Wegener

Höre einmal zu

Höre einmal zu
was Kinder dir sagen
was sie dich fragen
wonach sie sich sehnen
woran sie denken
was sie sehr bewegt
wovon sie träumen
für was ihr Herz schlägt
wonach sie suchen
weshalb sie weinen
warum sie lachen
worüber sie sich freuen

Hans Joachim Wegener

Wie lange noch ?

Kindertage
ohne Liebe, in Einsamkeit,
in Frust und Ziellosigkeit,
im Gefühlsverlust und im Schlagen ..

Wie lange noch ?

Kindertage
im Zorn, in Lieblosigkeit,
in Verrohung und Aggression,
im Empfindungsmangel und in Gewalt ..

Wie lange noch ?

Kindertage
in Hunger, in Verelendung,
im Verkommen und Verderben,
in Hoffnungslosigkeit und im Untergang ..

Wie lange noch ?

Kindertage
im Weinen, im Verlieren,
im Liebesentzug und Kummer,
in Traurigkeit und in Angst ..

Wie lange noch ?

Kindertage
mit Drogen, mit Dealern,
im Stehlen und Betrügen,
in Selbstzerstörung und in Not ..

Wie lange noch ?

Hans Joachim Wegener.

Noch . . .

Noch sind deine Hände klein, mein Kind
Noch sind deine Augen rein, mein Kind
Und du spielst unbeschwert
Und lachst dazu
Und in der Nacht schläfst du
In tiefer Ruh
Noch ist dein Herz zu jedem ganz offen
Noch hat kein Schmerz es je verletzt
Noch bist du jedem zugewandt
Und greifst mit deiner kleinen Hand
Auch nach mir

Hans Joachim Wegener

.. Mein Kind ..

Es gibt nichts was dir gleicht
Und es gibt nichts was besser wäre

Dein Herz, welches so umfassend schön und klar
Dein Mund , Worte aus dir so rein und wahr
Dein Blick, in dem sprechende Augen sind
Dein Sein, Lebenskraft und doch so lind

Es gibt nichts was dir gleicht
Und es gibt nichts was höher steht

Dein Stolz, der durch Selbstkraft zu dir steht
Dein Mut, der dir nie verlorengeht
Dein Wert, der so unbezahlbar ist
Dein Ich, das vor sich nie zerbricht

Es gibt nichts was dir gleicht
Und es gibt nichts was reicher wäre

Dein Wille, der immer Kraft sucht durch das was
du tust
Dein Geist, der immer durchdringt und immer
dich ruft
Deine Seele, die immer klar in dir lebt
Dein Gefühl, das immer klar in dir steht

Hans Joachim Wegener

Ich liebe dich mein Kind

Wenn ich in deine Augen schau ..
die milden, die lieben, die strahlenden, die klaren
.. ich liebe deine Augen.

Wenn ich in deine Seele seh ..
die reine, die milde, die sanfte, die zarte
.. ich liebe deine Seele.

Wenn ich dein Herz empfinde ..
das gütige, das warme, das liebe, das feine
.. ich liebe dein Herz.

Wenn ich deine Worte höre ..
die leisen, die lauten, die ernsten, die wahren
.. ich liebe deine Worte.

Wenn ich dein Weinen fühle ..
das schmerzende, das traurige, das zornige, das
flehende
.. ich liebe dein Weinen.

Wenn ich dein Lachen spüre ..
das lustige, das befreiende, das laute, das helle
.. ich liebe dein Lachen.

.. Ich liebe dich ..

Hans Joachim Wegener

Dein Lachen im Sommerwind

Dein Lachen ..
Ich hab es gesehen, erlebt und gespürt ..

Dein Lachen ..
Ich hab es gefühlt, erfaßt und geschaut ..

Dein Lachen ..
Nichts ist so schön,
Alles das lebt und sich bewegt ..
Wie ein Tanz,
In sich gefaltet, noch ganz unberührt ..
Langsam erwacht, milde und sacht ..
Und immer mehr, kommt es zu mir ..
Dein Lachen.

Ganz unverhofft ..
Glücklich und hell ..
Wie ein Lied,
In sich getragen und schön komponiert ..
Liebevoll zart, herzhaft und stark ..
Und immer mehr, kommt es zu mir ..
Dein Lachen.

So unbeschwert ..
Frei wie ein Kind ..
Dein Lachen im Sommerwind.

Hans Joachim Wegener

Es ist dein Tag

Es ist dein Tag,
Dein Tag, in dem so viel Leben liegt ..
Wo jede Blume sich zur Sonne biegt
Und jeder Mensch sich vor dir verneigt.

Schweigsam still liegt die Zukunft schweigend
Und bewegend liegt Vergangenes in dir ..
Wünsche, die sich erfüllten im Gehen ..
Hoffnungen .. blieben manchmal stehen ..
Träume .. die oftmals Träume blieben ..

Dein Leben ruft so viel um dich ..
Und so schwer ist der Lebensruf zu hören ..
Vieles verklingt im hörlosen Vernehmen ..

Dein Tag, jetzt, in jeder Zeit ist er da,
In jeder Blume, die duftet und blüht ..
In jedem Menschen und jedem Lebensblick ..
Ich wünsche dir viel Lebensglück ..
Es ist dein Tag.

Hans Joachim Wegener

Land in Not

.. Wie du deine Kinder zerstörst
Wie du ihr Leben verbaust in Wüsten
Aus eiskaltem Beton
Nimmst ihnen das Licht
Die Weitsicht in der Ferne
Selbst den Blick an die Sterne
Baust du zu

.. Wie du deine Kinder betrügst
Wie du ihr Leben verführst durch Schein
Aus unechten Werten
Nimmst ihnen die Klarheit
Die Orientierung für Wahrheit
Selbst das eigene Denken
Läßt du verkümmern

.. Wie du deine Kinder mißachtest
Wie du ihr Leben begrenzt durch Mangel
Aus gewolltem Kalkül
Nimmst ihnen die Zukunft
Die Hoffnung für ihr Leben
Selbst die Güte und Liebe
Schüttest du zu.

Hans Joachim Wegener

Die Engel ohne Flügel

Gedanken aus meiner Reise in die vergessene Welt

Was kann ich euch geben, ihr lieben kleinen
Kinder?
Ihr seid die Engel im Verlust .. die Engel des
Vergessens .. euer Erschüttern .. erschüttert die
Welt nicht mehr.
Euer Erschauern und jeder Schrei .. verklingt ..
ungehört in den Weiten unserer Zeiten ..

In dem Land, wo ich wohne, man nennt es Wohl-
standsland, eine reiche Nation .. da sitzen die
Menschen in schönen Wohnungen, sie nennen sie
„Zuhause" und sind sehr gepflegt.
Sie haben Fernsehgeräte und können in die „Ferne" sehen. Das tun sie oft stundenlang und dabei
essen sie viel .. Kuchen, Sahne .. viel Fleisch und
Brot und alle Früchte dieser Erde .. Manchmal,
nicht oft, berichtet dieses „Gerät" in Nachrichten
aus der Ferne auch über euch, ihr lieben, kleinen
Engel des Verlierens. Meistens gibt es dann Nach-
richt von euch zur Abendzeit, dann, wenn die Menschen dort gerade „essen"! Sie nennen es „Abend-
brot" .. und dabei sehen sie euch .. und sagen: „Es
ist Not .. soviel Not .. Ach, die armen Kinder." ..
Dann schaltet man um, auf ein „anderes" Programm .. zur Musik für das „Herz" .. „Nur die Liebe läßt uns Leben" .. singt man dort .. und hat
euch längst wieder vergessen.

Aber ich habe euch nicht vergessen, ich bin bei euch im Minenland .. im Hungerland mit den vertrockneten Böden .. in dieser Krankenstation .. und ich sehe euch .. fühle und berühre euch .. trockne die Tränen .. wische den Schweiß aus den Gesichtern und spreche zu euch, .. auch wenn ihr meine Sprache nicht verstehen könnt .. und mein Herz läuft über, wenn ich euer Elend sehe .. die aufgedunsenen Hungerbäuche .. das schwache, glimmende Leben .. und die Wunden .. und die Narben .. eure Verletzungen an Körper und Seele. Ich möchte geben .. dir, kleines Mädchen, dir Engelskind .. und dir .. und dir .. und dir ..

Hier nimm meine Füße .. sie werden dich tragen .. nimm du meine Hände, damit du wieder greifen kannst .. hier .. nimm du meine Augen, ich möchte sie dir schenken, damit du „alles" .. jede Farbenpracht .. und einmal wieder leuchtende Felder sehen kannst.
Und du, kleiner Engel .. nimm meine Beine .. dann kannst du wieder laufen und springen wie früher auf dem Feld .. hier .. komm .. bitte .. nimm meine Arme .. sie helfen dir wieder und du mußt sie nicht suchen .. wenn du aufwachst morgen früh -- und du, Kind, Engel der Gnade, nimm alles Brot und die Schokolade aus meiner Tasche.
Und du .. alle Schuhe .. die dir nicht passen .. für deine wunden Füße .. und du .. nimm alle meine Kleider aus meinem Koffer. Nimm du .. und du .. meine Liebe und ein wenig Trost .. ich kann doch nur über dein Gesicht streicheln und dir nahe sein ..

Ich komme wieder, Kinder, ganz bestimmt komme ich zurück .. mit vielen Sachen komme ich .. und ich bringe wieder mein Herz für euch mit ..
Aber ich kann euch eure Mütter nicht wiederbringen .. und eure Väter nicht .. sie sind so weit ..
Ich komme wieder .. ihr Kinderengel .. und ich werde die Menschen in meinem Land erinnern .. an euch .. und daß ihr noch lebt .. im Hungerland .. in den Elendsgebieten .. in den Krankenstationen .. in der vergessenen Welt.

2. Kapitel

Zeiten

erleben

erfahren

entdecken

Thomas Albert

AN
EINE
TREULOSE
GELIEBTE

Gedichte

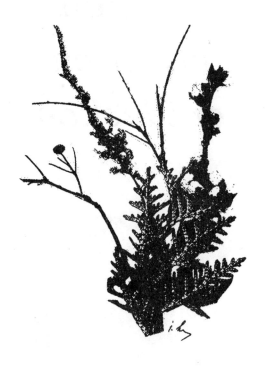

Illustration: Irma Scheuer

Thomas Albert

Der treulosen Geliebten

Bald bin ich tot
Was würdest Du sagen ?
Ich weiß es nicht und es ist besser so
Ich halts nicht aus, das Hirn, das Herz hört auf
für diese böse Welt zu schlagen
Denn Du verliebtest Dich ja anderswo

Bald bin ich hin, nur eine Kleinigkeit
Ganz nah dem Grab
Und so ein bißchen Ewigkeit
Ich weiß nicht wozu -
Und Du ?

Thomas Albert

Gedicht an die Schwiegermutter

Sie setzen Supercharaktere
frank und frei voraus.
Und oben steht:
Gott segne dieses Haus!

Und lügen selber wie gedruckt Papier
Den Himmel rauf ins Blau und wieder runter
- Wie soll ich dieses Widerspruches Schlüssel
finden - im Himmel und auf Erden?

Ach, es wird schon Frühling werden.
Und ganz von selbst
Und ganz auch ohne Dich und mich.
Geduldig ist und bleibt auf jeden Fall Papier
Auf dieser Bank an Dreisamufer hier!

Thomas Albert

Spaziergang nach einer situationsbedingten Enttäuschung in Schreckenhorst

Die Mogelei der Firma Heilmann
Wurde auf die Prob' gestellt
Leute, die die Leut verscheissern
Verscheissern sich und alle Welt !

- Und vor allem Dich!
  Merkst Du das nicht?
  Und die Welt
  Und was ihr gefällt.

Mag nicht gern den Trottel spielen
Fahre mit dem nächsten Zug
Werde mich im Wind verkühlen
Denn ich hab für heut genug. -

Elisabeth Bergner

DIE VON HERZEN SINGEN

Gedichte

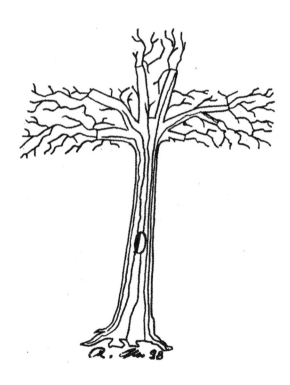

Elisabeth Bergner

Die von Herzen singen

Wir wollen zueinander stehn,
ob nah, ob in der Ferne.
Am Tage soll's die Sonne sehn
und in der Nacht die Sterne.

Wir haben alle Freud' und Mut
und ernsten Sinn zum Leben.
Doch hat uns Gott als höchstes Gut
Gesang ins Herz gegeben.

Wir singen - wie die Vögelein
sich ganz im Klang verschenken -
und möchten alle Welt hinein
in unser Glück versenken.

Wir wollen zueinander stehn
und euch mit unserm Singen
ein Stück - zu Dank soll es geschehn -
aus Gottes Schöpfung bringen.

Elisabeth Bergner

Botschaft

Was rauscht ihr so, ihr Bäume? -
Was rauscht ihr mir doch zu? -
Ihr rauscht in meine Träume
und nehmt mir meine Ruh'.

Die Ruh' habt ihr genommen,
geweckt habt ihr die Not!
Ist's durch das Rauschen kommen? -
Mir ist - als wär' er tot.

Laß rauschen, ach, laß rauschen.
Es kann ja nimmer sein!
- Und muß doch immer lauschen
ins bange Herz hinein. -

Elisabeth Bergner

Tränen

Was ist's, daß ich so traurig bin -
die Augen naß, das Herz so schwer. -
Die Nacht schleicht grau und alt dahin,
als gäb' es keine Hoffnung mehr.

Was ist's, daß heut' der Wind so weht -
so laut, als rief' er was herein!
Und selbst in meinem Nachtgebet
muß alles, alles traurig sein. -

Elisabeth Bergner

Gebet in höchster Not

Erde - Kosmos
und der Mensch,
der Mensch, in dem Gott wohnt
und wirkt.
So hab' ich mir
die Welt erschaffen -
und auch mich selbst.

Ich bete
zu dem Gott in mir:
Offenbare mich!
Laß mich spüren
deine Kraft,
daß ich mit ihr
meine Verantwortung
trage!

Von Anfang an war ich in dir,
Urwesenheit,
als nichts erschaffen,
als ewiges Nichts noch war - .
Du warst ich
und ich war du!
So bist du
mein tiefstes wahres Ich!

Hilf mir,
wirklich zu werden,
wahrhaft und rein
Ich selbst,
denn dann bin ich
dein Bild, o Gott!

Die Kraft zur Erlösung
von allem Bösen
wirkt dann in mir,
denn Böses schuf ich mir selbst,
indem ich mich
von dir und
meinem Gottsein
trennen wollte.

Vergib mir meine Kleinmütigkeit,
daß ich nicht anerkannte,
von deinem Geschlecht zu sein,
dem göttlichen!

Dein Wille
schuf sich
das Samenkorn meines Seins,
um die Welt
erschaffen zu können.
Kann sie noch
dein Reich werden?

Bis zu Atombomben
trieben wir das Böse.
Schütze uns vor deren Einsatz!

Gib uns die Gaben,
sie zu entschärfen,
zu vernichten,
ehe sie uns vernichten!
Erlöse dazu
die Kraft deiner Göttlichkeit
in uns!

Zerstörst du nicht
mit uns dich selbst?
Willst eine neue Schöpfung bauen
du, Gott,
ohne uns?
Was trägt eine zerstörte,
verseuchte Erde?
Wer wüßte noch
von sich, von dir? -
Und du?
Du, Gott?

Was von mir in Gott ist,
von Anbeginn seines Seins,
das ist von Gott
und nicht von mir!

Als er mich schuf,
legte er seine Gottheit
in mich,
damit ich ihn erkenne! -

Ergründen kann ich ihn nie - ,
denn er war der Erste
vor allem Sein und Nichtsein -
in Ewigkeit.

Ihn allein kann ich
anbeten.
Denn er allein ist heilig. -
Und ich kann anbeten
Gott als Göttin,
weil seine Allmacht
von Anfang an
beides war und ist:
männlich und weiblich.

Zu allen Wesen ist mir gegeben
zu beten .
Anbetend aber stehe ich
nur vor Gott allein!

Wenn die nächste Arche
ein Raumschiff sein muß,
Menschen ihre irdische Heimat
verlassen müssen - - ;
wir sind es immer selbst,
die sich Leid antun,
weil wir mit unserem
göttlichen Teil
nicht umgehen in Ehrfurcht!

Darin liegt die größte Gefahr.

Gott! Löse dich nicht von uns!
Bleibe bei uns
und hilf uns
zur Rettung!

Wir loten unser Gott-Sein aus
und erfahren die Grenzen,
die wir nicht wahrhaben wollen,
verblendet von Machtstreben.

Dein Licht, Gott, berührend,
laß es uns erleuchten!
Laß nicht zu,
daß es uns verbrennt!

Nur da sind wir göttlich,
wo wir uns
aus höchstem Erkennen
eine bessere Welt erschaffen.

Du, den ich anbete,
hilf uns!

Amen.

Ulrike Brüggenthies

TOTENTANZ

Gedichte

Ulrike Brüggenthies

Totentanz

Skelettig stand der Tod vor mir
an eines Ufers sonnigem Gestade.
Das Bild durchsichtet momentan -
lebensspendendes Wasser zum offenen Horizont.

Leben als innerer Wert, Generationen sich
begegnend.
Gesprächig Worte tanzen hin und her
im Blätterspiel der Wind entfacht,
ein Schmetterling umgarnt das Ganze.

Ein Pendel projezierend Lebensuhr,
der Takt erweiternd Thema musikalisch.
O frei gestaltet wirkt der Sommerwind.
Der Welle Klang erchorend das Orchester.

Ulrike Brüggenthies

Der Leierkastenmann

Tönend wirkt gedreht das gleiche Lied
oder hörend nicht den Unterschied?
Kastend erwirkend verzierend Schablone,
Leben birgt in sich gleichsam Schwingung.

Monoton scheint der Automat geschwingt,
die Melodie regiert den Kasten und den Mann.
Andachtsvoll krönt Kirches' Stille Lauschen,
ewiges Schweigen - contra lebend' Klang.

Das Kunstwerk, sei' gekürt und noch gekrönt,
affig mischt der Kitsch doch mit!
Gestaltend wirkt das Nichts erheblich
schürfend reichlich der Wesenheit Halt.

Ulrike Brüggenthies

Begegnung

Ein kalter Kuß - erzwungen aus verborg'ner Liebe
schmaler Lippen gepreßt fast ohne Worte.
Schattig schützend Baum gelumpte Gestalt.
Schemend figurt eindringlich der Wink.

Der Tod-Gelassenheit erwirkend - Nichts -
Etwas - das Leben sich erwirkend produktiv.
Liebe, unobjektivierbar bedeutend ohn' Vergessen.
Sinn erfüllend ganz des Lebens' Ziel.

Der Ring erweitend metallig sich zur Rundung
Symbol geschmückt zur ew'gen Zuversicht.
Der Menschheits' Idee sei gewurzelt gegründet
gemeinsam gewinnend erneut ernsthaft das
Unbedingte.

Ulrike Brüggenthies

Emotion-Screening

Realität = Glas = Bild = Antwort -
perspektivisch jeder anders gesehen
oder Frage der Einheit als Ganzheit,
simplifizierend: doch ein Glas
gerundet sichtbar lenkend Blick
durchgesichtet öffnend Blick die Weite.

„Das Leben danach", o welcher Schmerz,
oder Freude klingend nach Ewigkeit-alternativ,
es gilt der Rundung Form als Gegenstand,
lärmendes Nichts als Gegenschlag.

O schwöre deiner Lippen Ton,
er klingt so hohl gegiert,
doch Weisung seh' ich wohl, gegürtet,
ach, Los, das Schicksal fügend meine eig'ne
Schmach -
tragend der eigenen Schwere Tod.

Maria Ehninger-Seidel

STRAHLEN
AUS DER MITTE

Gedichte

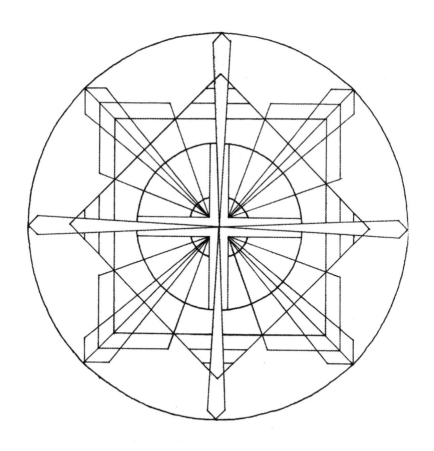

Gertrud Ehninger-Seidel

Wolkengebet

Wolken wohnen um die Stunden
im Septemberhimmel wiegend,
wissen wandernd mich noch unten
im Gesumm der Heide liegend.

Schön geschehen, schon vergehend
muß am Licht auch ich zerfließen,
an der Erde Saum verwehend
lautlos mich zurückergießen.

Ohne Heimat, ohne Namen
eingegangen in den Welt-
Urgrund aller Kreatur,

ruhmlos, wie der Wolken Spur,
bin ich dem, was steigt und fällt,
nur ein leis verhauchtes Amen ...

Gertrud Ehninger-Seidel

Funken, der mich rief

Befriedet von dem Werk
des Tages
legt sich zur Ruh
ein guter Christenmensch

Mich aber treibt's ins Leer
verlassen nasser Straßen

Ein FUNKEN Zigarette
schwankt vorbei
und wankt
ins Grau -
glimmt wieder auf
verlischt im Dunkel.
Aus!

Gertrud Ehninger-Seidel

Steppenhirte

Nun lausche, meine Flöte,
die Schafe ruhn im Traum.
Fern in des Himmels Röte
steigt ein verlassener Baum.

Der Wind geht in den Gräsern
zu deinem Niemandslied.
Der erste Stern ist gläsern
in ihrem Schoß erblüht.

Wohl tausend Jahre reiten
vorbei an ihrem Rand.
Hufschlag verhallt im Weiten
und Spur verweht im Sand.

Gabriel Gebhardt

ERINNERUNGEN EINES POSTBEAMTEN

Erzählung

Gabriel Gebhardt

Erinnerungen eines Postbeamten

Es war schon immer so, daß strebsame, junge Aufstiegskräfte nach bestandener Prüfung zum Samstags- und Sonntagsdienst eingeteilt wurden, um ihrem Diensteifer sozusagen 'entgegenzukommen'. Genauso erging es dem frisch gebackenen, jungen Assistenten, nennen wir ihn mal Johannes, als er für den folgenden Samstagmittag und den ganzen Sonntag zum Dienst am Bahnhof beordert wurde.
Dort wurden ankommende und weitergehende Postsendungen auf andere Züge geleitet bzw. umgeschlagen. Die Dienststelle wurde deshalb 'Umschlagstelle' genannt.

Samstag und Sonntag fuhren erheblich weniger Züge als an Werktagen, weshalb für diese Tage zwei Dienstkräfte ausreichten.
Eigentlich konnte unser Johannes gar nichts falsch machen, zumal ihm der ältere und erfahrenere Hagenfeld zugeteilt worden war. Hagenfeld kannte Ankunft und Abfahrt der Züge auswendig und hatte die Fahrerlaubnis für einen Elektrotransportkarren. Er wußte auch, welcher Zug regelmäßig viel oder wenig Postsendungen brachte bzw. erhielt. Deshalb bediente er so manchen Zug allein und überließ Johannes die Eintragungen, Ladelisten, Nachweise und das Tagebuch. Der Samstagnachmittag verlief problemlos, und Johannes war stolz auf seine Arbeit.
Auch der Sonntagmorgen begann ruhig und reibungslos. Hagenfeld fuhr wieder allein zu einem

ankommenden Zug und verzichtete auf die Hilfe von Johannes.

Es war Sommerzeit und an diesem Tag besonders heiß. Die große Verladehalle war dagegen angenehm kühl.

Hagenfeld kam vom Zug zurück; von weitem winkte er Johannes zu und deutete auf eine Kiste, die auf dem Elektrokarren stand. Als er in die Halle einfuhr, erkannte Johannes, daß es sich um eine Eilsendung mit einem lebenden Tier handelte. - Damals konnten noch lebende Tiere mit der Post versandt werden.

Die Kiste war mit einem dichten Drahtgitter versehen, damit das Tier Luft bekam und mit einem Spezialverschluß ausgestattet, um Verletzungen des Tieres zu vermeiden.

Johannes trat näher und spähte in die Kiste, und das darin befindliche Tier schaute heraus. Es war ein Hund, ein schwarzer Spitz. Johannes befiel sofort ein unangenehmes Gefühl; denn er erinnerte sich an ein Erlebnis seiner Kindheit.

In seiner Familie wurden immer Spitze gehalten, weiße und schwarze. Seine Mutter liebte diese Hunderasse und die Spitze liebten auch die Mutter.

Aber sie liebten nicht Johannes. Denn es kam schon mal vor, daß der damalige Lausbub Johannes 'ganz aus Versehen' gegen den Freßnapf stieß oder auf den Schwanz des Hundes trat. Heulend lief der dann zu Frauchen, und der Lümmel Johannes erhielt eine Watschen.

Johannes aber liebte den Hund des Nachbarn, einen Dalmatiner. Ihm zuliebe stiebitzte er den Hundekuchen aus dem Freßnapf von Mutters Spitz.

„Das arme Tier hat Durst", sagte Hagenfeld und schreckte Johannes aus seinen Gedanken auf, „wir sollten ihm etwas zu trinken geben."

Tierfreund Hagenfeld holte eine Blechschale und füllte sie mit Wasser. „Sieh nur, wie er hechelt, eine Schande, ein Tier so der Hitze auszusetzen."

Johannes prüfte den Zielort der Sendung und stellte fest, daß der Hund noch am Sonntag zu einer Hundeausstellung auf dem Frankfurter Messegelände gebracht und dort ausgeliefert werden sollte.

Umschlagbahnhof und Zug nach Frankfurt waren angegeben. Es war noch eine gute Stunde bis zur Abfahrt des Zuges nach Frankfurt. Hagefeld nestelte bereits am Spezialverschluß der Kiste. „Sei vorsichtig!" warnte ihn Johannes.

Dankbar trank der Hund das dargereichte Wasser. Aber es war eben ein Spitz. Plötzlich biß er Hagenfeld in die Hand, spang aus der Kiste und rannte durch das offene Hallentor. Vergeblich rannten Johannes und Hagenfeld hinter ihm her. Der Spitz war weg.

„Das hast du nun davon", jammerte Johannes, „was jetzt alles auf uns zukommt: Meldungen, Verhandlungsvorschriften, Ersatzansprüche, schlechte Beurteilungen usw.."

Hagenfeld behielt die Ruhe. Nach kurzer Überlegung schwang er sich auf sein Fahrrad und fuhr davon. Nach etwa dreißig Minuten war er wieder da. Unter dem Arm hielt er ein schwarzes, ängstliches Etwas, eine armselige Kreatur von Hund - so eine richtige Paradeplatzmischung.

Johannes schwante Arges: „Du wirst doch nicht etwa ..." und deutete entsetzt mit ausgestrecktem

Zeigefinger zuerst auf das schwarze Wesen und dann auf die Kiste.

Entschlossen ging Hagenfeld hin, gab dem Tier noch etwas zu essen und zu trinken und schloß es ein. Dann lud er die Kiste und die anderen Sendungen nach Frankfurt auf den Elektrokarren und fuhr zum Zug.

Als er zurückkam, klopfte er dem niedergeschlagenen Johannes beruhigend auf die Schulter. „Es wird schon werden", sagte er gelassen, und mit einem Anflug von Galgenhumor: „Was werden die für Augen machen, wenn sie die wundersame Verwandlung des Hundes entdecken!"

Die beiden gelobten sich, von dem Geschehen gegenüber jedermann zu schweigen.

Noch Wochen später zuckte Johannes jedesmal zusammen, wenn sein Vorsteher ihn zu sprechen wünschte.

Doch sie haben nie mehr etwas von dem Hund und der ganzen Sache gehört.

Rainer J. Hocher

HIER DAHEIM

Gedichte

Rainer J. Hocher

Unser Kalletal-Stemmen

nach dem Gedicht FAST EIN GEBET
von Reiner Kunze

Bei uns fließt ein Fluß,
und wir haben einen See
und mit etwas Glück
fällt im Winter auch Schnee.

Bei uns wächst auch Wald
und sanfte Hügel frieden uns ein.
Hier werde ich Ein-Hundert Jahre alt,
denn ich finde hier alles um glücklich zu sein.

Rainer J. Hocher

Ranzenbergweg drei
für Frau Schnormeier

Stille -
ein Wald mich berührt.

Erdenwärts knietiefes Wellengras
und droben der Reiherflug.

Mit schönen Träumen eingeschläfert,
weil im nachtblinden Spiegel
neue Sonnen blinken.

Auf der Gänseblümchenwiese
wuchert Vierblattklee.
Muß mich nur bücken,
um dem Glück ganz nahe zu sein.

Rainer J. Hocher

Am Ranzenberg

Wo sich der Weg hin windet
leuchten Butterblumen
und über dem Berg schillert roter Steinbruch.

Hier höre ich das geflüsterte Wort
ohne mein Ohr ans quadratische Fenster zu
drücken.

Der Wald ist kein finsterer Wald
denn er umsäumt den Sonnenhang.
Von dort schwirren mir die Vögel zu.

Sie teilen fliegende Wolken
und jeder Blitz schickt einen Schneestreifen Sonne

Wenn dann das Heu bebündelt wird
will ich in allen Wipfeln schaukeln.

Rainer J. Hocher

Pfingsten in Erder

Als sich die kühle Nacht heranschlich,
spielte der Fährmann in Erder
Mundharmonika.

Ein Kahn schipperte linksweserwärts
und ein Mond-Schein-Licht war
und eine Skipperfrau,
die Sehnsucht in den Augen trug.

Ich saß im taufeuchten Gras
und hörte Schwalben weinen -
dann warf ich ihr mein Fernweh zu.

Rainer J. Hocher

Das Dorf nebenan

Hier fällt rötliche Abendsonne
in die Varenholzener Eiche

Spechte hämmern
schwatzende Tauben
und ein Hauch Friedens-Stille
weht vom Schloß herüber

Bin zu Fuß durch dieses Dörfchen gewandert
um ganz nahe zu sein

Friedenseiche stand doch auf der Hinweistafel
und nach diesem Frieden
habe ich sehr lange gesucht

Rainer J. Hocher

In Langenholzhausen

für Nicolai

hörte ich nächtens in der Krämerstrasse
die Turmuhr glöcknern.

Ich trank die Fliederzeit ein
und sah einen weinenden Knaben
am Goldfischteich.

Ein Bach roch nach Bach,
und das Holz nach Holz,
und vielleicht waren seine Tränen die meinen.

Kind sein! Noch einmal Kind sein!

------   ------   ------

Ich bin nicht erbost,
wenn mich heutzutage ein Schneeball trifft.

Rainer J. Hocher

Ehre, wem Ehre gebührt

Abseits vom gelben Rapsfeld
im Mai-Tannen-Flieder-Duft
schlägt die Amsel am Quellstein
zum Hymnengesang

Da will ich unter'm Kastanienbaum verweilen
und ihrem Lied lauschen

Mein Blick fällt durchs Laubgrün
auf steingemeiselte Worte:

Dem Begründer
der künstlichen Fischzucht
Stephan Ludwig Jacobi
geb. Hohenhausen 1711
gest. daselbst   1784
Die deutschen Fischerei-Vereine

Ein kleiner Eisesser setzt sich zu mir
ins kniehohe Gras:
„Den Onkel kenne ich nicht,
aber Forellen schmecken mir auch recht gut."

Diese Lekerlies sind noch heute
unser Wappentier

Anke Jentsch

SEIFENBLASEN

Gedichte

Anke Jentsch

Seifenblasen

Seifenblasen
Seifenblasen sind
Seifenblasen sind schillernd
wenn sie durch die Luft schweben

Seifenblasen
Seifenblasen sind
Seifenblasen sind lustig
anzusehen wie sie tanzen

Seifenblasen
Seifenblasen sind
Seifenblasen sind Spiegel
der Realität mit verzerrten Bildern

Seifenblasen
Seifenblasen sind
Seifenblasen sind Träume
die hoch hinaus wollen

- Träume platzen -

Seifenblasen sind
Seifenblasen

Anke Jentsch

Er schreckte hoch und sah auf den Wecker -
7 Uhr 10 -. Verschlafen!
Schnell rechnete er nach. 20 Minuten zu spät!
Wenn er sich beeilte, könnte er noch rechtzeitig ins
Büro kommen.
Gedacht, getan, er sprang aus dem Bett und lief in
die Küche, um schnell die Kaffeemaschine anzustel-
len.
Dann ab unter die Dusche und das Rasierzeug gleich
mit. Welch ein Glück, daß er Naßrasierer war.
Autsch, verflixt, vielleicht auch nicht. Ein Blick in
den Spiegel sagte ihm, daß der Schnitt ein Pflaster
benötigte.
Nun ins Schlafzimmer und anziehen.
Gut, daß er sich den Anzug gestern Abend schon
zurechtgelegt hatte. So fiel die Sucherei wenigstens
weg.
Nun noch schnell die Schnürsenkel zubinden -
gerissen!
Wo waren die Slippers?
Unterm Bett und nicht geputzt!
Egal, sie mußten eben so herhalten.
Jetzt noch ein Schluck Kaffee und dann nichts wie
weg.
Ein Blick auf die Uhr sagte ihm, daß er schon 10
Minuten aufgeholt hatte.

In der Küche wartete der nächste Schreck auf ihn; er
hatte vergessen, Wasser in die Kaffeemaschine zu
geben!
Er griff sich den Autoschlüssel und rannte aus der
Wohnung.
Er übersah die Fußmatte und fiel der Länge nach
hin.

Er schreckte hoch und sah den Wecker - 7 Uhr 10 - !

Rolf Kronika

DER FAHRTRICHTUNGS-ANZEIGER

Erzählung

Rolf Kronika

Der Fahrtrichtungsanzeiger

Wie jedermann weiß, ist die Grundvoraussetzung, die im Zusammenhang mit der Teilnahme am Straßenverkehr steht, für den Führer eines motorisierten Fahrzeuges der Besitz eines gültigen Führerscheins.

Das ist Gesetz.

Das Fahren geschieht meistens mit einem Automobil, das ein Massenverkehrsmittel, ein Statussymbol und für manche auch ein Mittel zum Zweck darstellt.

Weiterhin bestehen gewisse Regeln, die auf unseren Fahrbahnen eingehalten werden müssen und durch Schilder, Zeichen und die in der Fahrschule sonst noch erlernten Richtlinien vorgeschrieben sind.

Das ist die Straßenverkehrsordnung.

Allerdings sollte aber für jeden vernünftigen Fahrzeuglenker, ich denke da nicht nur an das berühmte Wagenrennen von Ben Hur, eine akzeptable Toleranz, ein wenig Verständnis, vielleicht ein bißchen Rücksicht und, was auch ganz wichtig wäre, Freundlichkeit gegenüber den Mitverkehrsteilnehmern hinzukommen.

Das ist freiwilliges Gutdünken.

Diese menschlichen Tugenden werden in der Regel auch Tag für Tag im Geschwindigkeitsrausch auf der Autobahn, im gestreßten Berufsverkehr der City und auf unübersichtlichen Kurven mangels Zeit ebenso eingehalten, wie die von Moses am Fuß des Berges Sinai vorgetragenen zehn Verhaltensregeln für die Menschheit.

So fällt mir eine Begebenheit ein, die mir kürzlich widerfahren ist.

Es war am frühen Morgen, die Vögel pfiffen schon von den Dächern, kein Lüftlein war zu spüren, die Temperatur zeigte 22 Grad, und ich war absolut guter Laune. So stieg ich in mein Auto, um meine noch schlafende Freundin mit einem Frühstück zu überraschen. Aus diesem Grund wollte ich zum Bäcker fahren. Die sommerliche Sonne schien so wunderbar, daß es mir ganz warm ums Herz wurde.

In diesem Zustand fuhr ich eine Vorfahrtsstraße entlang, mußte aber an der nächsten Kreuzung rechts abbiegen.

Dort stand ein eiliger, anfangs noch freundlicher Fahrer mit seinem Lastwagen vor dem Schild: „Vorfahrt gewähren".

Da er sich zufälligerweise zur selben Zeit und am selben Ort wie ich aufhielt, war er gezwungen, auf mich zu warten; denn er nahm ja an, daß ich weiter geradeaus fahren würde.

Das aber tat ich nicht. Ich bog - was jetzt nur Ihnen, lieber Leser bekannt ist, jedoch dem Lastwagenfahrer nicht bekannt war - langsam nach rechts ein.

Der Lastwagenfahrer stand noch immer, grimmte, weil er meinetwegen seinen Motor abgemurkst hatte, drehte unwirsch seine Fensterscheibe herunter und murmelte einiges vor sich hin.

Es erschien mir so garstig, daß es mir unmöglich ist, es hier wiederzugeben.

Ich blieb seitlich auf gleicher Höhe neben ihm stehen, drehte gutmütig auch meine Fensterscheibe herunter, denn ich dachte, er wäre ortsunkundig und deshalb so erbost und wolle mich nach dem richtigen Weg fragen.

Das aber tat er nicht.

Allem Anschein nach hatte er plötzlich massenhaft Zeit zur Verfügung und schrie mit gereizten, erzürnten und üblen Lauten die Worte aus: „Du Simpel, hast du keinen Blinker?"

Jetzt erst war mir alles klar. Ich hatte vergessen zu blinken.

Seine englische Anrede störte mich nur wenig, dafür aber um so mehr das dem Spätmittelhochdeutschen entsprungene, aber vom altfranzösischen 'simple' stammende Wort, dessen anfangs neutrale Bedeutung alsbald im geringschätzigen Sinne für anspruchslos, banal, geistig unbedarft mißbraucht und infolgedessen für einen einfältigen Menschen, einen Dummkopf, einen geistig Beschränkten und Einfaltspinsel angewandt wird.

Da ich aber meiner Freundin den duftenden Kaffee und die frischen Brötchen nicht vorenthalten wollte, beabsichtigte ich nicht, mich mit diesem Brummi-Fahrer in einer Kneipe an einen Tisch zu setzen, um in aller Ruhe bei einem Glas Bier und einigen Salzstangen über die ganze Angelegenheit sachlich zu debattieren.

Um Zeit zu gewinnen erwiderte ich auf seine elektrotechnische Frage mit der kurzen Antwort: „Nein!"

Darauf brüllte der Lastkraftwagenfahrer so heftig, daß nicht nur sein Lenkrad und der Innenspiegel, sondern auch die linke Seitenscheibe klapperten und die beiden Außenspiegel schepperten.

Seine Mundwinkel begannen zu zucken, die Hände gestikulierten wild, seine Beinmuskulatur vibrierte, sein Magengeschwür bekam neues Futter, sein Kopf qualmte dazu, und da sein Blut wallte, veränderte sich sein Gesicht bis zur Unkenntlichkeit. Es wurde so rot wie die untergehende Sonne auf Sizilien.

Das verstand ich nicht.

Er hätte doch annehmen können, daß mein Auto keinen Blinker besaß, denn sonst hätte ich ja höchstwahrscheinlich geblinkt. Auch wäre es durchaus möglich gewesen, daß ich mich auf dem Weg in die nächste Reparaturwerkstatt befand, da ich gestern Abend einen Kabelbrand hatte. Oder die Birne ... die Birne könnte ihren Geist aufgegeben haben. Der Blinker ... womöglich eingerostet. Die Autobatterie ... unter Umständen zu wenig Saft. Die Sicherung ... gegebenenfalls durchgebrannt. Die Stromzufuhr ... könnte vermeintlich einen Wackelkontakt haben oder in der gesamten Elektronik ... stecke eventuell ein Kurzer drin.

Auch hätte er annehmen können, wir redeten ganz einfach aneinander vorbei, und er meinte etwas ganz anderes. Er dachte bestimmt, ich fahre zum Angeln und solle diesen glitzernden Angelköder mitnehmen, um eine größere Ausbeute zu erzielen.

Daß ich ihm eine doppelte Verneinung an den Kopf geworfen hatte und ihm sonst keine Unwahrheit sagte, konnte er allerdings in seinem augenblicklichen Geisteszustand nicht wahrnehmen.

Wilhelm Kusterer

STREIT-
SCHLICHTUNG

Gedicht

Illustration: Irma Scheuer

Wilhelm Kusterer

Streit-Schlichtung

Jüngst an meinem Vogelhaus
sah ich zu.
Die Vögel flogen ein und aus.
Fast im nu
waren alle meine Kerne gefressen!
Soll ich? -
Na, ich bin noch etwas dagesessen,
soll ich nicht?
Ach was, klar, daß ich mich erbarm.
Dann denke ich
die fressen mich gewiß nicht arm,
nicht mich.

Also streue ich frisches Futter
und schaue.
Da seh ich eine Amsel, so ein Luder
fast nicht traue;
die ließ keine anderen Vögel herein,
vertreibet sie.
Will Alleinherrscher im Vogelhaus sein! -
Bei andrer Müh. -
Sie pickte dahin und pickte nach dort,
mit Geflattere
jagte sie alle anderen vom Futter fort.
Wütendes Geschnattere! -

Da schritt ich denn dann helfend ein.
Jagte sie raus!
Da flog von dannen der ganze Verein. -
Leer war das Haus.

Und von diesem die Moral:
Wenn andere sich streiten egal
wer sich da dazwischen stellt,
ist der dümmste Esel dieser Welt.

Trude Lellmann

MEINE TRAUMREISE

Erzählung

Trude Lellmann

Meine Traumreise

Andere Länder, andere Kulturen kennenzulernen, hat mich schon immer interessiert. Daher habe ich mir gerne die Sendungen der Kreuzfahrten im Fernsehen angesehen.
Dabeizusein, wünschte ich mir sehr. Nie hätte ich gedacht, daß sich mein Wunsch einmal erfüllen könnte.

Lilo plante eine Reise mit der M/S Vistafjord. Sie hatte Kreuzfahrt-Erfahrung, war schon mehrmals mit ihrem Mann auf verschiedenen Schiffen und Routen gefahren.
Auf ihre Anfrage, ob ich sie wohl begleiten wolle, war ich gar nicht vorbereitet. Ich war so freudig überrascht, daß ich das alles erst einmal überdenken mußte. Sollte mein Traum Wirklichkeit werden?
Die Reise mit einem Luxusliner war an sich schon ein Erlebnis und dabei auch noch unbekannte Länder kennenzulernen, faszinierte mich so sehr, daß ich, als ich mich endlich entschloß zuzusagen, den Anfang der Reise kaum erwarten konnte. Gerne hätte ich auch meinen Mann überredet, aber er war für eine Schiffsreise leider nicht zu begeistern. Doch er und meine Tochter redeten mir zu.

Es begann eine aufregende und spannende Zeit; denn es waren bis zum Tag der Reise noch gut vier Monate. Obwohl ich es kaum erwarten konnte, nahmen mich die Vorbereitungen so in Anspruch, daß sich meine Ungeduld einigermaßen in Grenzen hielt.

Ich flog mit der Lufthansa nach Frankfurt am Main. Dort nahm uns ein Airbus an Bord, eine Sondermaschine der Lufthansa, die ausschließlich Kreuzfahrtgästen von Cunard vorbehalten war. Wir flogen Business Class und fühlten uns wie in einem erstklassigen Hotel. Das Menü war ausgezeichnet, als Getränk gab es Sekt. Ich dachte mir: „Na, das fängt ja gut an."
Es war Anfang September, die Sonne schien vom wolkenlosen Himmel und tief unten sahen wir Berge, Wasser und Landschaften im Wechsel vorüberziehen. Meine Freude und Erwartung verursachten mir ein Kribbeln im Bauch.

Wir flogen zirka vier Stunden bis Athen, wo unsere Reise begann. Am Flughafen warteten Busse, die uns durch eine Rundfahrt den ersten Eindruck dieser schönen Stadt vermittelten. Kaum ein Besucher kann sich der Faszination Athens entziehen, denn in seiner ruhmreichen Vergangenheit wurzelt viel von dem, was wir heute unsere abendländische Kultur nennen.
Das Zentrum Athens, gut sechs Kilometer vom Meer entfernt, ist von Hügeln umgeben und wird - heute wie seit dem Beginn der griechischen Geschichte - von der Akropolis überragt. Wenn man die bewegte Vergangenheit dieser Stadt kennt, erscheint es wie ein Wunder, daß überhaupt einige der großartigen Bauten erhalten geblieben sind.
Athen ist eine aufregende, prickelnde Mischung von Antike und Weltstadt, die sich bunt und vielfältig unter freiem Himmel ausbreitet. Parkanla-

gen, Plätze und sogar Dachgärten sind mit Statuen geschmückt.

Nach dieser Einstimmung fuhren wir nach Piräus. Wir sahen das Schiff! Was für ein herrlicher Anblick! So hatte ich es mir nicht vorgestellt. Eine elegante, majestätische Erscheinung. Schneeweiß mit rotem Schornstein bot es uns ein herzliches Willkommen an Bord.
Bei der Einschiffung nahm ich staunenden Auges alles in mich auf. Ich hatte ja so etwas noch nie erlebt. Mein Herz klopfte zum Zerspringen und daran, daß ich auf einem Schiff war, dachte ich kaum mehr.
Freundliche Stewardessen nahmen uns das wenige Handgepäck ab und führten uns zu unseren Kabinen. Für alles war gesorgt. Meine Koffer hatte ich in Köln am Flughafen aufgegeben. Das ganze Gepäck fand ich in meiner Kabine wieder.

Ich sah mich um und wunderte mich, wie elegant alles ausgestattet war. Es fehlte nichts, nicht einmal ein Fernsehgerät oder Telefon. Im Bad war alles vorhanden, was nötig war. Auch eine Schale mit Obst, die täglich nachgefüllt wurde, stand auf meinem Nachttisch . Eine Stewardeß, die für zwei Kabinen zuständig war, brachte auf Wunsch Getränke.
Um 15.00 Uhr wurden wir zu einem Imbiß gebeten.
Ich packte lieber meine Koffer aus, denn zum Essen war ich viel zu aufgeregt. Lilo erging es nicht anders. In der Kabinendecke befand sich ein Lautsprecher, aus dem gegen 17.30 Uhr eine Durchsage kam, daß auf Deck eine Rettungsübung statt-

finden würde. Wir mußten alle unsere Schwimm-
westen anlegen und uns, der Durchsage gemäß,
auf Deck begeben. Die Teilnahme an dieser Übung
war für alle Passagiere obligatorisch.

Es sollte alles schnell gehen, eben wie im Ernstfall.
Unsere Plätze waren über unserer Kabine und unter unserem Rettungsboot, damit, wenn es nötig
würde, jeder wußte, wohin er gehen mußte. Es war
schon ein mulmiges Gefühl, eben an den Ernstfall
denken zu müssen. Wir schüttelten es ab und waren froh, nach der Übung unsere Rettungswesten
in der Kabine ablegen zu können.

Kurze Zeit später spielte das Orchester - das übri-
gens sehr gut war - auf Deck, und bei einem Glas
Sekt genossen wir die Ausfahrt aus dem Hafen von
Piräus.

Ruhig und gelassen lag unser schönes Schiff auf
dem Wasser und ganz langsam nahm es Fahrt auf.
Die Sonne strahlte vom wolkenlosen Himmel und
spiegelte sich im azurblauen Wasser des Mittel-
meeres wider.

Wie jeden Abend wurde um 19.00 Uhr im Restaurant das Abendessen eingenommen. Wir nahmen
immer pünktlich an unserem reservierten Tisch
Platz, denn ab 21.00 Uhr spielten im Ballsaal das
Vistafjord-Trio und die Big-Band Tanzmelodien. Eine Stunde später war Showtime angesagt - und
zwar jeden Abend. Die Melodien wurden so ge-
konnt dargeboten, daß es eine Freude war, zuzuhören.

Lilo und auch ich waren begeistert und genossen
die Abende bei einem Gläschen in vollen Zügen.

Am nächsten Tag kreuzte die Vistafjord die Darda-
nellen, die Meeresenge zwischen Ägäis und Marmarameer.
Wir lagen in unseren Liegestühlen und sahen zu,
wie wir der Küste immer näher kamen, bis die
Enge überwunden war und unser Schiff wieder auf
dem offenen Meer fuhr.

Am Morgen rief ich meinen Mann an. Er freute
sich sehr, meine Stimme zu hören. Ich hatte nur
die Zeitverschiebung nicht bedacht und ihn aus
dem Bett geholt.

Abends begrüßte der Kapitän im Ballsaal jeden
Gast persönlich mit den Worten: „Wir wünschen
Ihnen eine schöne Kreuzfahrt."
Ein tägliches Schiffsnachrichtenblatt, die SEA
NEWS, wurde jeden Morgen in die Kabine gebracht, woraus wir alles Wissenswerte erfahren
konnten. Es enthielt sogar die Speisekarte für den
Abend und die einzelnen Veranstaltungen. Ich hatte fast das Gefühl, daß uns sogar das Denken ab-
genommen wurde. Es war einfach wunderbar, so
verwöhnt zu werden.

Für den nächsten Tag, es war unser zweiter See-
tag, hatten wir uns vorgenommen, das Schiff in
allen Etagen kennenzulernen. Zuerst zog es uns in
den Trakt, in der die Boutiquen untergebracht waren, das war doch klar. Wir staunten, was es da
alles zu kaufen gab und lachten über unsere eigene Begeisterung, die uns hier und da ein Ah! ent-
lockte. Mit dem Kaufen hielten wir uns allerdings
an diesem Tag noch zurück.

Die Schmuck-Boutique war aber auch sehr verführerisch und zog unsere Blicke immer wieder an.

Es gab noch so viel zu sehen, aber es passierte uns am Anfang öfter, daß wir unsere Kabinen nicht mehr wiederfanden und wir fragen oder suchen mußten.

An diesem Tag befuhren wir den Bosporus, vorbei an Istanbul.

Uns bot sich ein herrlicher Anblick dieser antiken Stadt. Die vielen Moscheen mit ihren Minuretten glänzten in der Sonne wie pures Gold. Ich hatte das Gefühl, an einer Märchenstadt vorbeizufahren und freute mich schon darauf, auf der Rückfahrt dort zwei Tage verbringen zu können.

Aber zuerst ging unsere Reise nach Odessa, der Stadt Katharinas der Großen.

Bis es aber soweit war, hatten wir noch Gelegenheit, viel Neues auf dem Schiff kennenzulernen.

Am frühen Abend präsentierte das klassische Quartett Werke von Mozart, Bach, Puccini und Verdi in der Garden Lounge. Eine Sopranistin und ein Bariton wurden begleitet von Cello, Geige und Klavier. Diese Zeit vor dem Abendessen versäumten wir an keinem Tag. Es war sozusagen die Einstimmung auf die nachfolgenden Veranstaltungen.

Wir ließen uns mit „Songs of Lloyd Webber", gesungen von Richard Ianni, verzaubern. Dieser Sänger war in Amerika durch Film und Fernsehen sehr berühmt. Ihm zuzuhören war ein Erlebnis.

Gerne denke ich auch an die abendlichen Rundgänge auf Deck, bevor wir unsere Kabinen aufsuchten.

So weit das Auge sehen konnte, Wasser, nichts als Wasser. Die Lampions der Vistafjord und die leichten Wellen des Meeres waren die einzigen beweglichen Punkte. Ein schönes Schauspiel auch: über uns der Sternenhimmel und unter uns die vielen Lichter des Schiffes, die sich im Wasser spiegelten.

In der Nacht fuhren wir ins Schwarze Meer und legten am 16. September gegen 8.00 Uhr im Hafen von Odessa an. Wir mußten warten, bis das Schiff von den Behörden freigegeben wurde. An der Gangway bekamen wir gegen Hinterlegung unserer Reisepässe eine besondere Landekarte, die für die Dauer des Aufenthaltes in der Stadt gültig war.
Auch hier standen im Hafen Busse für eine Stadtrundfahrt bereit.
Unser Ausflug begann mit der Besichtigung der fünfkuppeligen Uspenski-Kathedrale, die wichtigste Kirche Odessas. Sie wurde 1855-1869 erbaut. Die prächtige Fassade vereint russische und byzantinische Elemente.
Die Straßen der Stadt waren dicht mit Bäumen bepflanzt. Ihre Kronen und Äste reichten überall bis an die Häuser heran und vereinten sich in der Mitte der Straße. Sie sahen aus wie ein grünes Dach. Die Reiseführerin erzählte uns, daß es in der Stadt nur eine einzige baumlose Straße gebe.

Wir besuchten das Kunstmuseum, das in einem ehemaligen Palast untergebracht war und eine eindrucksvolle Sammlung russischer und ukrainischer Gemälde vom 18. Jahrhundert bis zur Gegenwart zeigte.
Weiter ging es zur Prachtstraße von Odessa, dem Primorsky-Boulevard. Bei einem kurzen Spazier-

gang sahen wir den Hochzeitspalast und die wunderbare Architektur des Opernhauses, in dem uns am Abend ein außergewöhnlicher Kunstgenuß erwartete.

Zum Abschluß der Stadtrundfahrt hielt der Bus an der Potemkintreppe, die ihren Namen und ihre Berühmtheit dem legendären Panzerkreuzer Potemkin und Sergej Eisensteins gleichnamigem Film verdankt. Die Treppe hat 192 Stufen und zehn Treppenabsätze. Sie führt vom Primorskij-Boulevard hinunter zum Hafen. Von oben hatten wir einen herrlichen Blick über das Meer.

Um uns auf den abendlichen Kunstgenuß im Opernhaus einzustimmen, nahmen wir unser Abendessen gleich in den Abendkleidern ein. Die Busse beförderten uns bis vor das Portal.

Das prunkvolle Opernhaus entstand 1884 bis 1887 im Stil des Neubarock' nach dem Vorbild der Wiener Staatsoper.

Szenen aus Stücken Shakespeares schmücken die vergoldete Decke des Zuschauerraums. Die Akustik war hervorragend und die Balettaufführung in diesem festlichen Rahmen ein außergewöhnliches Erlebnis.

In der Pause wurde uns ein Glas Champagner serviert.

Pünktlich vor dem Auslaufen unseres Schiffes waren wir wieder an Bord, wo uns ein russisches Büfett erwartete. Wir genossen die Köstlichkeiten und die Musik des Vistafjord-Trios zum Abschluß dieses besonderen Abends.

23.00 Uhr: Die M/S Vistafjord fuhr weiter nach Jalta.

Bei unserem abendlichen Rundgang auf Deck war das Meer nicht so ruhig, wie an den Abenden zuvor. Wir mußten uns an der Reling festhalten, um nicht das Gleichgewicht zu verlieren. Deshalb verkürzten wir unseren Aufenthalt dort oben. Ein Sturm kündigte sich an, übrigens der einzige während unserer Schiffsreise.

In der Nacht wurde ich mehrmals wachgerüttelt, weil die Brecher der Wellen gegen die Bordwand schlugen. Ich sah aus dem Fenster. Es war berauschend, wie die weißen Schaumkronen des Wassers sich aufbäumten und wieder in sich zusammensackten, um erneut aufzusteigen. Ich hatte keine Angst und wurde von dem Schaukeln in meinem Bett wieder in den Schlaf gewiegt.

Am Morgen war alles vorbei. Unser Kapitän hatte den Sturm weitgehend umfahren. Die Sonne schien wieder vom blauen Himmel. Wir genossen die Weiterfahrt auf dem Sonnendeck, woran ich mich immer gerne erinnere.

Während ich schreibe, liegt ein Foto der Vistafjord vor mir, und ich fühle mich in Gedanken immer noch auf dem Schiff.

Das Meer war ruhig. Wir träumten vor uns hin und freuten uns auf Jalta in der Ukraine, das die grüne Oase der Welt genannt wird.

Bei der Einfahrt in den Hafen begrüßten uns die bereits vor Anker liegenden Schiffe mit ihren Sirenen. Die Vistafjord bedankte sich für diesen Gruß auf die gleiche Weise.

Ich konnte ein Gefühl der Rührung nicht unterdrücken, denn in einem fremden Land von fremden Menschen einen solchen Willkommensgruß zu erhalten, war wunderbar.

Als ich mich in meiner Kabine für den Landgang umzog, ertönte aus dem Lautsprecher ein Glockenton und die Stimme des Kapitäns:

„Hier spricht der Kapitän. Wir wünschen allen Gästen, die Jalta besichtigen wollen, einen schönen Tag. Die Vistafjord ist von den Behörden freigegeben worden. Sie können das Schiff jetzt verlassen. Vergessen Sie bitte nicht, an der Gangway Ihren Reisepaß einzutauschen."

Jalta ist der beliebteste und bekannteste Kurort in der Ukraine. Er liegt reizvoll an einer offenen Bucht im westlichen Teil der bergreichen Südküste der Krim.

Gleichzeitig ist es auch der spektakulärste Urlaubsort der Küste und wird oft mit der französischen Riviera verglichen. Hier herrscht das gleiche sanfte Klima vor. Die Landschaft ist einmalig und die Vegetation üppig. Oleander-Bäume und Zypressen, Zedern und Akazien prägen das Bild der Gegend.

Wir fuhren mit dem Bus auf einer Bergstraße nach Livadia, wo der Zar um die Jahrhundertwende einen weißen Palast bauen ließ. Auf der ganzen Strecke hatten wir einen herrlichen Blick über das Meer und die Hänge, wo subtropische Pflanzen die Blicke auf sich zogen.

Ende 1945 war der Livadia-Palast in aller Munde, denn dort trafen sich Churchill, Roosevelt und Stalin zur Jalta-Konferenz und legten die Grundsteine für die Machtverteilung nach dem zweiten Weltkrieg.

171

Es war schon ein beklemmendes Gefühl, an diesem Tisch zu stehen, wo die Fähnchen darauf hinwiesen, wer dort gesessen hatte.

Weiter ging die Fahrt nach Alupka und dem großartigen Worontsow-Palast - ein Märchen aus Tausendundeiner Nacht. Er liegt inmitten eines großen Parks. Wo wir auch hinsahen, überall Blumen und blühende Sträucher.

Jalta und die sehenswerten Paläste sind wahrlich eine Reise wert. Alles, was wir sahen, war sehr beeindruckend. Ich kam mit meinen Aufzeichnungen kaum noch nach. Lilo hatte es da einfacher. Sie fotografierte, was ihr vor die Linse kam, damit wir uns auch später noch an alles erinnern konnten.

Auf unserem Schiff gingen wir zuerst einmal ins Lido-Café. Bei einer guten Tasse Kaffee und ein paar süßen Häppchen genossen wir die Musik auf dem Veranda-Deck bei der Ausfahrt von Jalta.

Jeder Ort hatte seine eigenen Reize.

So freuten wir uns schon auf den morgigen Tag in Istanbul. Für diese Stadt waren zwei Tage vorgesehen, die voll ausgefüllt waren mit Besichtigungen historischer Bauten und Kulturstätten.

Istanbul ist die einzige Stadt auf der Welt, die sich auf zwei Kontinente verteilt. Sie spielte, aufgrund seiner einzigartigen Lage als Brückenpfeiler der Kontinente Asien und Europa, eine wichtige Rolle in der Geschichte. Sie ist die Wächterin des Bosporus und der strategischen Verbindung zwischen dem Schwarzen Meer und dem Mittelmeer.

Auf der europäischen Seite liegt der alte Stadtteil Stambul. Er wird das Herz und die Keimzelle der ganzen Stadt genannt. Unter seinem Pflaster ruhen die Stadt Lygos, das griechische Byzantion und die spätantike Metropole Konstantinopolis, der Hauptstadt des oströmischen Reiches für tausend Jahre.

Sie liegen übereinander, überdeckt oder durchmischt mit dem heutigen Istanbul seit 1453.

Dieser Teil der Stadt ist an zwei Seiten vom Wasser begrenzt. An der Südseite liegt das Marmarameer, das in den Bosporus übergeht und im Nordosten das goldene Horn, ein Querarm des Bosporus.

Als wir mit dem Bus über den Bosporus fuhren, hatten wir eine der schönsten Stadtsilhouetten der Welt vor Augen, so erklärte es uns die Reisebegleiterin. Wie recht sie hatte. Stolz erhoben sich Kuppeln und Minarette empor, und, wie wir schon beim Vorbeifahren vor ein paar Tagen gesehen hatten, blitzten die Dächer golden im purpurnen Licht der Sonne. Vom Bus schon konnten wir einen Blick auf das geschäftige Leben dieser aufregenden und faszinierenden Weltstadt werfen.

Unsere Fahrt ging durch das Hafenviertel und an den mächtigen byzantinischen Stadtmauern vorbei zur Hagia Sophia, eine der bedeutendsten Kirchen der Welt.

Kaiser Justinian ließ die niedergebrannte Kirche 532 wieder aufbauen und weihte sie der heiligen Wissenschaft Gottes, auf Griechisch: Hagia Sophia. Sie blieb die wichtigste Kirche des Christentums bis ins 16. Jahrhundert, als die Türken kamen und sie zur Moschee umgestalteten. Heute ist sie ein Museum.

Ihre Architektur ist legendär und das Innere mit farbigem Marmor und kunstvollen Mosaiken von berückender Schönheit.

Unser nächster Besuch galt dem Hippedrom, in dem Pferderennen veranstaltet wurden und das als Zentrum der byzantinischen Kultur galt. Es ist ein Amphitheater nach römischen Vorbild. In seinen besseren Zeiten war es mit Statuen aus allen Winkeln des Römischen Reichs dekoriert. Von all dem ist wenig übriggeblieben; denn während des vierten Kreuzzuges wurde das Hippodrom zerstört und in der Folge fast Stein um Stein geplündert. Nur drei Ruinen zeugen noch heute von der einst berühmten Arena. Das sind zwei Obelisken und die Überreste eine Säule aus Delphi, die Schlangensäule. Sie besteht aus drei ineinander verflochtetenen Bronzeschlangen, die früher eine Goldvase trugen.

Gleich neben dem Hippodrom steht die Blaue Moschee, deren Innenraum mit wundervollen blauen Kacheln ausgestattet ist, die der Moschee ihren Namen geben. Hyazinthen, Nelken, Tulpen und Rosen blühen in zeitloser Schönheit auf diesen Kacheln. Es sind genau 21.403 an der Zahl. Prächtige Teppiche bedecken den Boden. Vier Säulen stützen die Kuppel mit etwas kleineren Proportionen als die Hagia Sophia - zweiundzwanzig Meter Durchmesser bei einer Höhe von dreiundvierzig Metern. So wie die Hagia Sophia den geistigen Mittelpunkt der byzantinischen Welt bildete, nahm die Blaue Moschee in der Welt des Islam eine Sonderstellung ein.

Es gab soviel Schönes und geschichtlich Einzigartiges zu sehen, daß wir uns die Fortsetzung für den nächsten Tag vornahmen.

Außerdem wären weitere Besichtigungen an diesem Tag viel zu anstrengend gewesen. Das alles mußte erst einmal verarbeitet werden.

Wieder auf unserem Schiff angekommen, hatten wir zuerst den Wunsch nach einer Erfrischung und trafen uns im Lido-Café. Dort überraschte uns ein köstliches Büffet, dem wir nicht wiederstehen konnten.
Mein Gott, was für ein Überfluß!
Ich durfte dabei nicht an die armen Menschen denken, die nicht einmal das Nötigste zu essen haben.

Als es am Abend langsam dunkel wurde und die vielen Lichter der Vistafjord erstrahlten, gingen wir auf Deck und sahen hinüber nach Istanbul. Märchenhaft schön waren die vielen Türme und Zinnen in gleißendes Licht getaucht. Diesen Anblick werde ich nicht vergessen.

Später war wieder Showtime angesagt. Wir freuten uns über herrliche Melodien aus der ganzen Welt mit Gesangs- und Tanzeinlagen eines talentierten Balletts.
Nicht eine Sekunde hatten die Passagiere an Bord über Langeweile zu klagen, dafür sorgten die Kreuzfahrtdirektorin Gesa und ihr Assistent Hans.

Am zweiten Tag in Istanbul besuchten wir die auf einem Hügel thronende Moschee Suleimans des Prächtigen. Ihr Inneres ist mit reichverziertem weißem Marmor und farbigen Fenstern ausgestattet.

Wir waren uns darüber im klaren, daß es unmöglich war, die vielen Sehenswürdigkeiten dieser faszinierenden Weltstadt so zu sehen, daß wir hätten sagen können, was prächtiger oder schöner gewesen wäre.

Ich kann mir nicht vorstellen, daß es noch viele Städte gibt, die auf engem Raum mit so viel historischen Gebäuden und diesem Reichtum darin aufwarten können.

Zum Abschluß unseres Besuches stand uns noch ein Kunstgenuß bevor, das Topkapi-Serail, die alte Residenz der osmanischen Sultane. Es wurde im Jahre 1462 von Mehmet II. - dem Eroberer Istanbuls - erbaut. Jeder Sultan nach ihm fügte dem Bau ein weiteres Stück hinzu, so daß schließlich eine Art königliche Stadt entstand. In der Schatzkammer wurden die reichen Schätze des Osmanischen Reiches aufbewahrt. Wir bestaunten den Thron Ismails, der mit Gold und mehr als 2500 Edelsteinen besetzt ist. Hier sahen wir auch die drei Smaragde, die durch den Film Topkapi berühmt geworden sind. Ein 86 Karat schwerer Diamant, umringt von 49 kleineren Steinen, gehört ebenso zum Schatz, wie ein ungeschliffener Smaragd, der mehr als drei Kilogramm wiegt.

Wenn wir das nicht selbst gesehen hätten, wäre es uns unvorstellbar gewesen.

Das heutige Museum mit seinen herrlichen Kunstschätzen beherbergt auch eine Sammlung chinesischen Porzellans, die einen unschätzbaren Wert haben soll. In der Schatzkammer waren neben den berühmten Juwelen auch die prachtvollen Gewänder der Sultane und ihrer Familien zu sehen.

Hinter dem letzten Raum lag ein Pavillon, der uns einen herrlichen Blick über den Bosporus und das

Marmarameer gestattete und uns zuletzt wieder in die Wirklichkeit zurückholte.

Müde vom vielen Sehen fuhren wir zur Vistafjord zurück. Bei der Ausfahrt unseres Schiffes aus dem Hafen standen wir an der Reling. Mit den Schiffssirenen nahmen auch wir Abschied von Istanbul, der Stadt, die uns so begeistert hatte.

Es hat dich schon immer gegeben, Istanbul, existiertest in einer Zeit ohne Gestern und Morgen. Einst war Konstantinopel dein Name. Du warst die Hauptstadt eines großen Reiches, umgeben von drei erhabenen Stadtmauern, mit deinen Türmen, Bannern und Palästen, die sich hoch hinaus über das Meer erhoben.

Alles, was ich über das Leben gelernt habe, kann ich in drei Worte fassen: Es geht weiter.

Und weiter ging auch unsere Reise, die leider schon zur Hälfte vorüber war.

Den nächsten Tag verbrachten wir auf See. Vom Sonnendeck aus sahen wir immer wieder über die Weite des Meeres. Manchmal erblickten wir am Horizont die Umrisse eines Frachters oder auf der anderen Seite schemenhaft die langgestreckte Küste der Türkei, wo wir die letzte türkische Stadt besuchten - Kusadasi.

Im Herzen des antiken Ionia gelegen, war Kusadasi auf Türkisch 'die Fischerinsel' - früher ein kleines, ruhiges Fischerdorf in einer der schönsten Buchten der Ägäis. Der Ort hatte sich schnell zu einem der beliebtesten Urlaubsorte der Küste entwickelt. Kusadasi selbst ist nur von geringem historischem Interesse. Andererseits bietet der Ort wegen seiner wunderschönen Lage und den guten Hotels einen idealen Ausgangspunkt zu den Sehenswürdigkeiten der ganzen Region.

Lilo und ich verließen als eine der ersten Passagiere das Schiff. Es waren von der Landestelle nur ein paar Minuten bis zum Basar, den wir uns natürlich ansehen wollten.

Auf der Vistafjord war für die gesamte Mannschaft Rettungsbootübung angesetzt. Für die Dauer dieser Übung wurde jeglicher Schiffsservice eingestellt.

Wir hatten also Zeit bis 15.30 Uhr, dann mußten wir wieder an Bord sein.

Gleich am Anfang des Marktes kauften wir für unsere Enkelkinder T-Shirts, und schon wurden wir von vielen Händlern umringt, die alles Mögliche anboten.

Wir waren hauptsächlich an Schmuck interessiert. Es gab ein sehr schönes Geschäft, dessen Auslage im Fenster vielversprechend war. Was wir nicht bedachten: Wenn man einmal hineingeht, kommt man selten ohne Kauf wieder heraus. Es waren aber auch wunderschöne Dinge, die wir gezeigt bekamen. Ich wollte eigentlich nichts mehr kaufen und hatte aus diesem Grunde auch kein großes Geld mitgenommen. Lilo kaufte sich einige Erinnerungsstücke. Mir hatte es ein Haremsring angetan, und ich überlegte hin und her. Sollte ich? Da das Angebot verlockend war, ging ich kurz entschlossen zum Schiff zurück und holte mein Geld aus dem Safe. Hinterher war ich glücklich und trug den Ring mit Freude. Was mich sehr betroffen machte, war die Tatsache, daß der Geschäftsmann das Geld einfach in eine Ecke auf den Fußboden warf, wo schon einiges lag. Auf meine bestürzende Frage, was das denn sollte, lachte er und meinte:

„Aber Lady, das bringt doch Glück, wenn man es auf einen Haufen wirft."

Wie man so mit Geld umgehen konnte, verstand ich absolut nicht. Andere Länder - andere Sitten. Weiter durch den Basar zu gehen, ersparten wir uns, denn die Händler bestürmten uns so sehr, daß wir Mühe hatten, ihnen zu entrinnen. Auf unser Bemerken, daß wir zum Schiff zurück müßten, meinten sie lachend: „Es fährt doch erst um 16.00 Uhr weiter." Sie waren also gut informiert.

Wir fanden es schöner, am Meer spazieren zu gehen und die herrliche Luft zu genießen, die durch die vielen blühenden Pflanzen und Sträucher irgendwie würzig roch.

M/S Vistafjord fuhr weiter nach Gythion in Griechenland. Wir hatten beide einen Ausflug nach Mistra gebucht. Ich wollte jedoch lieber einen ganzen Tag an Bord bleiben. Deshalb ging Lilo allein zur Gangway, wo diesmal ein Tenderboot wartete, in das die Passagiere umsteigen mußten, denn unser Schiff ankerte vor Gythion auf See. Ich stand an der Reling und winkte.

Während Lilo unterwegs war, machte ich Treppen-Aerobic mit dem Fitneßteam. Langeweile kam nie auf, denn es gab immer wieder Abwechslung im Programm.

Heute hatte ich die Bibliothek entdeckt. Ich nahm mir ein Buch mit, um es auf dem Sonnendeck zu lesen.

Am späteren Nachmittag wurde die See unruhig und ein ständiger Tenderservice zwischen Schiff und Land angeordnet, damit die Passagiere sicher an Bord kommen konnten. Sie wurden bei der Fahrt tüchtig durchgeschüttelt.

Die Stewardessen hatten eigentlich ab 15.00 Uhr Landgang. Der wurde gestrichen, weil nicht vorauszusehen war, wie sich das Wetter weiterentwickeln würde.
Lilo kam verhältnismäßig gut zurück.
Sie hatte viel zu erzählen und war froh, mit an Land gegangen zu sein.
Den Abend verbrachten wir wieder gemütlich bei schöner Musik im Ballsaal, denn der morgige Tag führte uns nach Patras, für das wir wieder ein Landprogramm gebucht hatten.

Schlafen ist langweilig - also frühes Frühstück im Restaurant. Womit fangen wir an? Sportlich orientiert mit Orangensaft, Müsli und Obst oder vielleicht doch Bacon and Eggs, Croissant, Kaffee und andere Leckereien?
Nein, wir blieben standhaft bei Obst, Müsli, Orangensaft und Kaffee; denn schließlich gibt es ja den ganzen Tag genügend verführerische Gelegenheiten.

Der Schiffspoet Friedrich Holst sah nur eine Abhilfe:

Alle Mann auf das Promenadendeck !

Einen exklusiven Sport
lernt man auf der Vistafjord
schon am ersten Tage kennen.
Dieses ist das Fitneßrennen,

denn im Ringen mit den Pfunden
dreht man seine Fitneßrunden.
Man schuf eigens zu dem Zweck
dieses Promenadendeck.
Und so steht es auf der Liste
als die Kalorienpiste.
Ein Fitneßrennen,
in dem Kampf, wie man erkannt,
gegen das Schlaraffenland.
Jeder zieht auf seine Weise
diese Kalorienkreise,
und in schrittdosierten Teilen
absolviert er seine Meilen.
Abends dann im Speisesaal
'rennt' das Sercive-Personal,
alle Wünsche zu erfüllen,
um den Appetit zu stillen.
Ja, die köstlichen Gerichte
machen Vorsätze zunichte.
Drum geht dieser Kreislauf heiter
bei der Kreuzfahrt munter weiter. -
Das ist gleichsam inbegriffen,
halt das Kreuz auf Kreuzfahrtschiffen.

Besser kann ich es auch nicht ausdrücken, wenn
ich an alle kulinarischen Köstlichkeiten denke, denen wir ausgesetzt waren.

Heute ist der 23. September 1997. Seit 8.00 Uhr
ist unser Schiff in Patras. Die Tatsache, daß wir
wieder in Griechenland sind, hält uns deutlich vor
Augen, daß es heimwärts geht.
Patras ist die drittgrößte Stadt Griechenlands, eine
Hafen- wie auch eine Universitätsstadt. Es gab
auch hier viel zu sehen, so die St. Andreas-Kathe-

drale und die schönen neoklassizistischen Gebäude.

Einen Abstecher in den ältesten Weinkeller Griechenlands, Achaia Clauss, vermittelte uns nicht nur einen herrlichen Ausblick auf die Stadt und das Meer. Wir kosteten auch mehrere Weine und einige typische Appetithäppchen.

1854 bereiste der Bayer Gustav Clauss die Umgebung von Patras. Beeindruckt von der paradiesischen Hügellandschaft und den fruchtbaren Weinbergen, beschloß er, sich anzusiedeln. Er kaufte Land und gründete eine Weinkellerei. Mit den ursprünglichen Bauten - einer kleinen Festung, die erhalten blieb - schuf sich der Deutsche ein wahrhaft königliches Anwesen. Heute erreicht die Produktion seiner weltweit bekannten Weine jährlich 25 Millionen Flaschen. Der Wahlspruch des Gründers unter seiner Büste im Park des Anwesens lautet: 'Schöpfung heißt auch die Vollendung eines Werkes'.

Am Abend war der Kleidungsvorschlag: Smoking/Abendkleid. Es war die Abschiedsparty des Kapitäns, der vor dem Abendessen alle Passagiere zu Cocktails einlud.

Es war auch der letzte offizielle Abend auf dem Schiff. Ich konnte es nicht fassen.

Wir genossen noch einmal alle Möglichkeiten, die uns geboten wurden, so auch das Gala-Diner mit dem anschließenden Aufmarsch der Stewards, die mit den Eisbomben und den darauf befestigten sternchensprühenden Wunderkerzen einen schönen Abschluß bildeten. Das Eis war ein Genuß.

Als Abschluß des Tages - wie immer - Tanz bis in den frühen Morgen mit dem Vistafjord-Orchester.

Der Spruch für den Abend lautete:
'Das Leben ist eine Folge von Augenblicken. Jeden bewußt zu erleben, ist ein Erfolg'.

Eines steht fest, wir haben alles bewußt in uns aufgenommen, darüber waren Lilo und ich uns einig.

Vor uns liegt Venedig, die herrliche Lagunenstadt, leider aber auch die letzte Station, die wir mit unserem Schiff erreichten. Dann hieß es Abschied nehmen von einem Traum, der Wirklichkeit geworden war.
Aber wir hatten noch einen ganzen Tag auf See vor uns, den wir voll genießen wollten.
Lilo ging schwimmen, und ich schlenderte von Deck zu Deck. War ich etwa doch in Abschiedsstimmung? Vielleicht im Unterbewußtsein. Doch ich will nicht undankbar sein, vielmehr glücklich, daß ich das alles erleben durfte.

25. September 1997: Ankunft in Venedig 7.00 Uhr. Ich war schon Stunden vorher wach und stand an meinem Kabinenfenster, als wir uns Venedig näherten. Ich sah den Glockenturm, der sich hoch über dem Markusplatz erhebt und den Dogenpalast. Ich kannte Venedig von einer früheren Reise, hätte aber nie vermutet, wie traumhaft schön der Campanile de San Marco angestrahlt und aus dieser Perspektive aussehen würde.
Leise plätscherte das Wasser unter dem Kiel, das Schiff glitt langsam dahin. Plötzlich standen die Maschinen still. Wir waren am Ende unserer Seereise angekommen.

Die Vistafjord hat von Piräus über das Mittelmeer bis nach Venedig insgesamt 2646 Seemeilen zurückgelegt.

9.15 Uhr: Ausschiffung der Passagiere für den Lufthansa-Sonderflug 1883 nach Frankfurt am Main.
Transfer zum Flughafen mit Motorboot, Spaziergang über den Markusplatz und weiter zum Flughafen. So stand es in unseren Ausschiffungsinformationen.
An der Gangway wartete bereits das Motorboot. Wir suchten uns einen Platz auf Deck und waren sehr traurig, daß wir unser stolzes Schiff verlassen mußten.
Immer wieder sahen wir zurück. Der rote Schornstein der Vistafjord leuchtete in der Sonne, die am morgendlichen Himmel stand. Ich konnte mich von diesem Anblick nicht lösen.
So long for now! Auf Wiedersehen!

Es blieben uns noch einige Stunden zur freien Verfügung. Daher besuchten wir die markanten Plätze der Stadt, bevor wir uns am Pier zu unserem Motorboot mit den Passagieren trafen. Die Fahrt zum Flughafen Marco Polo ging dicht an der Insel Murano und am Lido vorbei. Von weitem sahen wir die Flugzeuge starten und landen. Wir konnten uns nicht vorstellen, daß dieser Flughafen inmitten von Wasser so sicher sein würde.
Doch beim Näherkommen legte sich unsere Sorge. Die Maschinen mußten zwar gleich durchstarten, weil die Landebahnen nicht so lang waren, wie auf dem Festland; sie hatten aber kein Problem damit.

Unsere Sondermaschine startete pünktlich. Wir flogen wieder Business-Class und wurden auch hier mit Sekt und gutem Essen verwöhnt.
Wie hieß es doch gleich in den SEA NEWS der Vistafjord: Kann denn Essen Sünde sein ...?

In Frankfurt am Main angekommen, hatten wir Zeit, uns noch einmal an alles zu erinnern. Wir kamen zu dem Resultat: „Schön war's!"
Unsere Flüge gingen in verschiedene Richtungen. Lilo flog nach Stuttgart und ich nach Köln, wo mich am Flughafen mein Mann abholte. Wir waren froh, uns gesund wiederzusehen. Seine erste Reaktion war die Bemerkung: „Wie braun Du bist. Es steht Dir gut!"
Es war auch schön, wieder zu Hause zu sein.

Was uns bleiben wird, ist die Erinnerung an herrliche Tage und eine rundherum gelungene Reise auf der Vistafjord.

barere und objektivere Grundlage für meß-
bare Veränderungen einer Störung. Im typo-
logischen Ansatz werden Individuen aufgrund

durch faßbare Körperkrankheiten oder Störungen hervorgerufen. Dabei bleibt Art und
Ort der körperlichen Primärschädigung unbe-
rücksichtigt, und nur die gleiche direkte oder
indirekte Wirkung auf die Fundamentalfunk-
tionen des ZNS impliziert das pathogenetisch
Gemeinsame. *J. Böning*

Psychosen, psychogene. P. P. entstehen bei
entsprechender Persönlichkeitsdisposition
(mit und ohne endogener Anlagebereitschaft)
durch seelische Anlässe, wobei ein als bela-
stend empfundenes Erlebnis oder psychisches
Trauma für Auftreten, Inhalte, Verlauf und oft
auch Beendigung einer p. P. verantwortlich ist.
J. Böning

Psychosomatik. DEFINITION. Der Begriff
„*Psychosomatik*" wird in verschiedener Be-

**Hans
Joachim
Schorradt**

**3x Fragliches
(... alltäglich
Geschrei:
Die da,die Poli-
tiker!
Still und anonym dagegen findet
statt - der Alltag, ...
... lange bevor aus dem Politik geworden sein könnte,aber Politik sein
wird ...
Zum Vergleich,
siehe Hinter-
grund!)
Berlin
1998**

jor psychiatric disorders. Arch. Gen. Psychiat., 1967, 16,
146–151; Schneider, K.: Klinische Psychopathologie. Stuttgart, ⁹1965; Weitbrecht, H. J.: Psychiatrie im Grundriß.
Berlin – Göttingen – Heidelberg, ³1973. *M. Lorr*

Psychosen, endogene. E. P. entstehen ohne
erkennbare körperliche Ursache und kausalen
Zusammenhang mit Erlebnissen von innen,
aus dem Organismus heraus. Der Begriff en-
dogen verbindet sich mit der Vorstellung (bzw.
dem Postulat) einer zwar im Körper liegenden,
jedoch nicht ohne weiteres nachweisbaren, auf
heredo-konstitutionellen Faktoren beruhen-
den Krankheitsursache auf der Ebene der
neuronalen Transmitter. Psychoreaktive oder
somatogene Auslösung (jedoch nicht Ursache)
von Psychosen ist gelegentlich möglich. Zu die
e. P. zählen Schizophrenie, manisch-depres-
sive Erkrankung (Zyklothymie), atypische zy-
kloide Psychosen und psychotische Episoden
der genuinen Epilepsie. *J. Böning*

Psychosen, exogene. E. P. bzw. körperlich be-
gründbare oder symptomatische P. werden

Charakteristika dieser Krankheiten sind: a)
Sie weisen Funktionsstörungen auf, die zusammen mit Organschäden auftreten. In diesem Punkt unterscheiden sie sich von Gei-
steskrankheiten. b) Emotionale Störungen
spielen eine große Rolle, indem sie das Wie-
derauftreten oder die Verschlimmerung der
Symptome beschleunigen. c) Die Krankheiten

Hans-Joachim Schorradt

augustnacht

einstmals unter ihnen
hattest dus besessen
träumtest deinvergessen
die so glücklos erschienen

hattest in ihrem kreis
bald verlernt zu träumen
geliebt in traumes räumen
vergolten in ihrer weis

heut nacht warn alle fern
das traumhaus hat zerbrochen
dir ins herz getroffen
der schein der stern

dein sehen dir erschuf
dich und wirklichkeit
es stürzen sterne himmelweit
entgegen eines herzens ruf

Februar '92

Hans-Joachim Schorradt

herzbestimmt

glaube, hoffnung, ideal -
dahin! zuschanden fährts
längst entratne herz,
und hat keine wahl ...

wo neuer bahnungen mühsal,
dunkles chaos der gesichte,
werden innrem neu gewichte,
in labyrinthen voll qual -

während gelöscht jeder sinn ...
da erblühen rein gefühle,
und alles ist zusammenhang:

lieben quellen neu hin -
deutbar der welt fülle,
leicht des lebens gang!

Sommer '91/ '95/ Frühjahr '98

Hans-Joachim Schorradt

SCHALTEN SIE SICH EIN !

... Die heutigen Projektionsverhältnisse ...
... richtig IM BILDE sein!
... Sich BILDEN zu einem
  Typus, dem ganz eignen ...
... Da wir Probleme lösen müssen,
  sind unsere Lösungen problematisch ...
... weil alles, also die Zeit
  sich überstürzend immer weniger bewegt ...
... werden Menschen halt betrogen,
  zu GANZEN MENSCHEN erzogen ...

„Ha, ha, wie komödiant!"

STÖRUNG

„Da, ein fremdes Programm!"
  ... irriges, berauschend, entgeistend Be-und-
    Geisterndes ...
  ... Die Mittel, die ältesten,
    verschwiegenen, entstelltesten ...
  ... Ists dagegen noch nötig,
    daß „Güte" grausam tätig ?
    Können (un-)nachweisbare Abscheulichkeiten
    Gutem seinen Weg bereiten ?
  ... Leimstellen endlich aus-stellen ...
  ... nicht selbst sich überschnellen ...

„Ach, viel zu tragödiant!"

STÖRUNG

... Also, Gas, Gas, Gas!
  Bremsen nimmer - G a s s , G a a s s s ! ...

    Ja, gewollter Gedanken-Leim,
    Ungereimtes - ist doch Reim!

Karl-Heinz Schreiber

AUF DEM ARBEITSAMT

Ein Dialog

Karl-Heinz Schreiber

Auf dem Arbeitsamt

(W = Weltmeister, B = Beamter)

W: Guten Tag!

B: Wie kommen Sie darauf?

W: Ich grüße Sie!

B: Von wem?

W: Von mir.

B: Sie! Werden Sie nicht auffällig!
   Sie wünschen?

W: Arbeit!

B: Aha! Wieso?

W: Weil ich eben beschäftigungslos bin.

B: Haben Sie denn keinen Garten?

W: Ich habe sogar eine Trikotsammlung. Die
   könnte ich natürlich verkaufen. Aber ich
   möchte richtig arbeiten.

B: Na gut. Was haben Sie denn gelernt?

W: Spielen.

B: Wie bitte? Ich meine, was sind Sie denn?

W: Weltmeister.

B: Aha. Und davon können Sie nicht leben?!

W: Nicht mehr lange. Und für die Zeit danach suche ich eben einen Job.

B: Hm. Also, Sie sind Weltmeister. Hm. Da sind Sie ja wohl in der Welt herumgekommen? Und da wissen Sie ja wohl, wie das so ist.

W: Nein, was denn?

B: Die Lage. Die Situation. Unter den momentanen wirtschaftlichen Bedingungen ist es äusserst diffizil, ich meine, eigentlich unmöglich, Meister zu vermitteln. Und mit Weltmeistern haben wir, ehrlich gesagt, wenig oder eigentlich gar keine Erfahrungswerte. Ich meine, was ist denn oder was macht denn so ein Weltmeister?

W: Nun, er ist eben der beste in der Welt.

B: Aha. Aber, wenn ich Sie richtig verstehe, ist er dabei arbeitslos.

W: Irgendwie schon. Meistens. Man wird eben einmal im Jahr Weltmeister - und dann ist wieder ein Jahr Zeit. Man ist eben der beste, aber man ist arbeitslos. Das ist doch nicht normal, oder?

B: Doch, schon, ich meine, nein, natürlich nicht, nur manchmal, aber eigentlich kaum - es ist nicht vorgesehen zumindest. Aber - Härtefälle sind die Regel zur Bewährung.

W: Wie dem auch sei - ich brauche von Ihnen eine konkrete Vermittlung. Sie haben doch offene Stellen?

B: Ja, schon, nur, wie gesagt, als Meister . . . Warten Sie mal, wie wärs mit Hausmeister oder Bademeister?

W: Wie bitte? Höre ich recht? Ich bin W e l t - meister! Ich möchte entsprechend meiner Qualifikation vermittelt werden! Jawohl!

B: Naja, Sie müssen flexibel sein heutzutage, mobil, dynamisch! Immer offen für neue Herausforderungen!

W: Ich bitte Sie! Ich bin immerhin . . .

B: Weltmeister, das sagten Sie bereits. Da sind Sie aber wahrscheinlich nicht der einzige, oder? Na also! Schauen Sie, wenn alle Weltmeister auf's Arbeitsamt kämen, dann bräuchten wir niemand anderen mehr zu vermitteln. Andererseits, welche Firma braucht schon einen Weltmeister?!

W: Ja aber, wenn ich komme, ich meine, ich als Weltmeister, dann müssen doch die anderen einsehen, daß . . .

B: Hoppla! So geht das wohl nicht. Vor dem Arbeitsamt sind alle gleich.

W: Alle Leute haben mich im Fernsehen gesehen. Man kennt mich aus der Zeitung. Da muß ich doch . . .

B. Tut mir leid. Ich kann ja Ihren Namen notieren - und Sie fragen bei Gelegenheit wieder mal nach.

W: Hier mein Ausweis. Da können Sie alles abschreiben.

B: Schön, ja. Ach, ehe ich's vergesse, wenn Sie schon Weltmeister sind und hier sind - geben Sie mir doch bitte ein Autogramm für meinen Sohn: dann waren Sie doch nicht ganz umsonst bei mir. Guten Tag.

W: Hm.

Andreas Philipp Stahl

MEMOIREN EINES TAXIFAHRERS

JAHRGANG 1964

oder

Von der Ironie des Alltags

Andreas Philipp Stahl

Memoiren eines Taxifahrers
Jahrgang 1964

Womit fängt man seine Memoiren eigentlich an?
Vielleicht mit dem Tagesablauf: Wenn ich aus dem
Schlaf erwache, dann geschieht das nicht infolge
des gräßlichen Rasseln eines Weckers, sondern
weil mich gegen Mittag die Sonne wachkitzelt. In
der Regel mache ich dann die Buchführung über
meine Umsätze. Was mich am meisten nervös
macht, ist, wenn bei mir der Postmann klingelt.
Dann muß ich oftmals Protokolle oder Gerichts-
briefe in Empfang nehmen, was sich leider nicht
umgehen läßt. Aber ich kann mich als Taxifahrer,
wenn ich es geschickt anstelle, eher herausreden
als ein normaler Autofahrer.
Im Laufe des Tages überlege ich mir dann, was ich
beruflich sonst noch machen könnte, aber ich
komme immer wieder zu dem Schluß, daß ein
Spatz in der Hand besser ist als eine Taube auf
dem Dach und ich eigentlich froh sein kann, nicht
betteln gehen zu müssen. Nur wäre mir manchmal
ein Job lieber, bei dem man weiß, daß man auch
gesund wieder heimkommt ...

Zu meinen Verwandten in Sachsen habe ich seit
einiger Zeit nicht mehr ein so inniges Verhältnis,
und von einem regelmäßigen Briefwechsel kann
auch keine Rede mehr sein. Früher hat mir öfters
mal meine Cousine aus H. bei Z. geschrieben, was
aber mittlerweile nicht mehr vorkommt. Ich denke
oft darüber nach, aber es ist halt so - wenn man

älter wird, dann macht eben jeder seinen eigenen Senf ... Was mich neidisch auf meine Verwandten gemacht hat, ist, daß jeder von ihnen einen Satelliten-Empfänger besessen hat, und deshalb habe ich mir auch einen besorgt. Nur wenn es Probleme mit der Technik gibt, hilft einem halt keiner ohne Geld, und ich habe auch keine Freunde, die ich einfach so am Telefon um Rat fragen kann.

Zu Frauen habe ich auch keinen Kontakt, außer daß ich am Wochenende versuche, welche in der Kneipe anzuquatschen, wobei aber oft nichts dabei herauskommt.

In den Mittelpunkt meiner Erlebnisse möchte ich meine guten und schlechten Erfahrungen mit den Menschen stellen, mit denen ich tagtäglich zu tun habe. Auf die Idee, einige Erinnerungen aufzuschreiben, kam ich, als ich durch allerhand Begegnungen zum Lachen gebracht wurde und dachte mir dabei, daß es schade wäre, diese Situationen in Vergessenheit geraten zu lassen.

Das erste Mal holte ich mir gerade etwas zu essen in einem Fast-food-Restaurant, als jemand zum Personal sagte: „Ich kriege einen Whopper" (ein Frikadellenbrötchen, das es nur bei der Konkurrenz gibt), so daß die Antwort lautete: „Haben wir nicht."

Ein anderes Mal hatte ich einen eher unliebsamen Fahrgast, der die Tür ziemlich heftig zuknallte. Als ich mich mit einem Kollegen darüber unterhielt, sagte ich, daß man eine Hydraulik in die Türen einbauen müßte, die das Zuknallen verhindert.

Darauf entgegnete er, am besten wäre ein Mechanismus, der die Tür zurückschlagen läßt.

Im Jahre 1995 kam gerade der Film „Stirb langsam 3" ('die hard with a vengeance') in die Kinos. Eines Tages fuhr ich mit einen Passagier an einem Kino vorbei, als dieser am Straßenrand einen Bekannten bemerkte, der dabei war, ein Eis zu essen und rief ihm zu: „Schleck langsam!"

Was ich im Laufe der Zeit lernte, war, daß sich jeder Mensch sein eigenes Urteil bilden muß. Ich hatte mir z.B. daheim einen Satelliten-Empfänger installiert. Als alle Vorarbeiten abgeschlossen waren, hatte ich aber keinen Empfang, so daß ich beim Händler anrief und das Problem schilderte. Der sagte mir, daß ich mir zusätzlich einen sogenannten „Sat-Finder" für 50 Mark anschaffen müsse, sonst könne ich lange vergeblich probieren. Durch Zufall kam ich an die Adresse eines anderen Händlers, der mir sagte, daß die Voreinstellung ohne Hilfsmittel vorgenommen werden könne, lediglich für die genaue Ausrichtung sei ein Zusatzgerät hilfreich.

Einmal hatte ich ein Gespräch mit einem Polizeibeamten, der mir sagte, bei einem Notruf von der Telefonzelle würde in der Zentrale der Standort auf einem Monitor angezeigt. Erfolge aber ein Notruf von einem Handy, dann würde sogar die Adresse des Besitzers wiedergegeben. Auf eine weitere Frage sagte er, man könne mit einem ISDN-Anschluß auch den Halter eines PKW's mit Eurokennzeichen ermitteln. Ich hatte jedoch den Verdacht, daß die letzte Aussage nicht der Wahrheit entspricht.

Illustration: Andreas Philipp Stahl

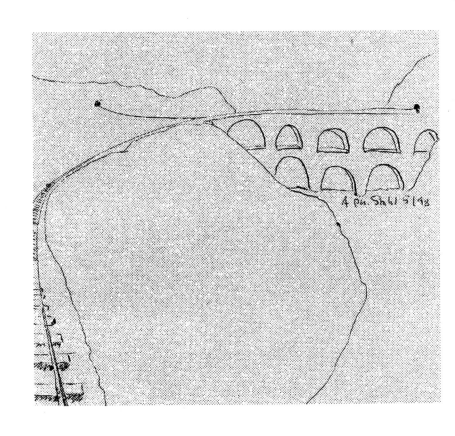

Illustration: Andreas Philipp Stahl

200

Helmut Vosskamp

DIE WITWE

Gedichte
und
Gedanken

Illustration: Irma Scheuer

201

Helmut Vosskamp

Die Witwe

Mein Mann ist tot,
ich bin allein,
ich bin in Not,
was soll nun sein?

Die Bettstatt neben mir ist leer,
mein guter Mann, er ist nicht mehr.
Kein liebes Wort,
kein zarter Blick,
er ist jetzt fort,
kehrt nie zurück.

Viele meinen's gut mir mir,
doch, schließt sich abends dann die Tür,
gerate ich ins Wanken,
es kommen die Gedanken
und stürmen auf mich ein,
es ist so schwer, allein zu sein.

Ich stand vor meines Glückes Scherben,
am liebsten wollt' ich selber sterben.
Lieber Gott, was ist geschehn?
Du kannst in meine Seele sehn
und weißt, ob in der Finsternis
auch eine Spur von Hoffnung ist.

Die Zeit wird wieder schnell enteilen
und hoffentlich auch meine Wunden heilen.
So sei mir denn ein guter Hort
des großen *Goethe* innig Wort:

'Der du von dem Himmel bist,
alles Weh und Leiden stillest,
den, der doppelt elend ist,
doppelt mit Erquickung füllest.
Ach, ich bin des Treibens müde,
was soll all der Schmerz und Lust,
süßer Friede, komm, ach komm in meine Brust.'

Und ein anderer Dichter sagte einmal:
'Ich bin nicht traurig, weil du gestorben bist,
ich bin dankbar, daß es dich in meinem
Leben gegeben hat.'

Helmut Vosskamp

Ist die Zeit nicht unser kostbarstes, unwiederbringlichstes Gut ?

Schiller sagte:
„Was man von der Minute ausgeschlagen,
bringt keine Ewigkeit zurück."

Und Herder schrieb:
„Auf daß du dich bewährst, ward dir das Leben,
auf daß du dich erfüllst, ward dir die Zeit."

Was sind denn die wahren Abenteuer unseres Lebens?

Liebe, Tod, Frau und Kind, Ruhe und Arbeit,
Müdigkeit, ein neuer Tag, Hunger, Erquickung,
Zweifel und Trost, Aufbruch und Heimkehr.
Gehört nicht auch der Wechsel von Wind und
Wetter, die wechselnden Stimmungen der
Landschaft und das Kommen und Gehen der
Jahreszeiten dazu? Von dem, was von Grund auf
wesentlich ist, für die Bewegtheit unserer Seele?
Und dabei wissen es die meisten nicht so richtig.
Die großen Dichter wußten und wissen es, und
Lied und Dichtung sind besonders wegen des
einfachen Wissens, das sie verkünden, unentbehrlich gerade die die Menschen unserer Zeit.

Marie von Ebner-Eschenbach schrieb:
„Nenne dich nicht arm, weil deine Träume nicht in
Erfüllung gegangen sind. Wirklich arm ist nur der,
der nie geträumt hat."

Und der große Gelehrte Karl Heinz Küthe sagte:
Der Mensch bedarf des Menschen
sehr zu seinem großen Ziele,
nur in dem Ganzen wirket er,
viel Tropfen geben erst das Meer,
viel Wasser treibt die Mühle."

Alexander Walther

KORONA

Erzählung

Illustration: Irma Scheuer

Alexander Walther

Korona

Die beiden Feldwege kreuzten sich am Ufer. Es war schwül, Fliegen und andere Insekten tummelten sich in der Mittagshitze. In der Ferne schimmerten die schneebedeckten Gipfel des Gebirges - es war glühend heiß, wurde immer heißer und heißer ... Die Sonne stand im Zenit, ihre Strahlen brannten sich in die rissige Erde. Von ferne hörte man Donnergrollen: ein Steinschlag! Sie standen beide an der Kreuzung, blickten sich in die Augen. Dann küßten sie sich lange. Eine junge Frau, fast ein Mädchen. Es war ein Abschied. Sie gingen in verschiedene Richtungen davon ...

Einige Wochen später tobte ein gewaltiges Gewitter über dem Gebirge, das den See mit dunklem Wasserwirbel anfüllte. Aus den beiden verschiedenen Richtungen kamen sie wieder: Der junge Mann und das Mädchen. Die Feldwege kreuzten sich - sie blieben stehen, fielen sich in die Arme. Schwach schimmerten Strahlen des Sonnenlichts durch Nebelbänke. Von ferne hörte man Donnergrollen; Blitze zuckten wieder, Regen prasselte in Strömen nieder. Die Erde schien sich zu wehren: Ein leichtes Beben ließ das junge Paar wanken. Und doch waren sie so tief in ihrer Liebe versunken, daß sie gar nichts bemerkten. Sie küßten sich innig. Die Zeit schien stillzustehen. Dann gingen sie Arm in Arm in Richtung der riesigen, fast endlosen Felder.

Bald ein Jahr war vergangen. Inzwischen war Heuernte gewesen. Auf den Feldern sah man überall die Früchte zäher Arbeit. Die Bauernburschen begossen sich ihre braungebrannten Leiber mit kaltem Wasser, das sie aus dem großen See in Kübeln herangeschafft hatten. „Morgen ist Sonnenfinsternis!" rief ein Bauer den anderen zu, die in einer Gruppe mitten im Feld standen. Erstaunt blickten sie sich an. Eine Sonnenfinsternis? Morgen? Verwirrt gingen sie wieder an ihre Arbeit. Stefanie war auf dem Weg von der Alm zum Dorf, um einzukaufen. In Gedanken war sie bei Peter, den sie schon solange nicht mehr gesehen hatte. Es schien ihr eine unendlich lange Zeit zu sein. Sie hatten sich aus den Augen verloren. Peter, Peter ... immer wieder nannte sie seinen Namen. Warum war alles so gekommen? Liebte er etwa eine andere? Hatte er sie ganz und gar vergessen? Jeder Tag ohne Liebe war ein verlorener Tag. Sie war sehr unglücklich und wollte am liebsten sterben. Aber das konnte sie ihrem Vater nicht antun! Vor zwei Jahren war die Mutter gestorben. Stefanie war gezwungen gewesen, ihren Platz einzunehmen. Jeden Morgen mußte sie einkaufen, Wäsche waschen, das Vieh hüten ... kurzum: Sie war für den ganzen Hof verantwortlich. Der Vater war halbseitig gelähmt, ein Schlaganfall hatte ihn kurz nach dem Tod seiner Frau an den Rollstuhl gefesselt.
„Morgen ist Sonnenfinsternis!" rief ein Radfahrer auf dem Feldweg Stefanie entgegen. Wie von ferne vernahm sie seine Stimme. Der Feldweg! An der Kreuzung hatten sie sich immer getroffen. Stefanie blickte zum Himmel: Die Sonnenstrahlen stachen ihr direkt in die Augen. Es tat weh! Sie schlug sich

die Hände vors Gesicht. Das war zuviel Licht. Sie konnte es nicht ertragen.

Wo war Peter nur? Wo hatte er zuletzt gestanden? Stefanie wußte nicht mehr, wo die Kreuzung war.

„Haben Sie schon von der Sonnenfinsternis gehört, mein liebes Kind?" Eine zahnlose alte Frau stand plötzlich vor ihr. Stefanie erschrak. Die Alte humpelte weiter ...

Am nächsten Tag kam Stefanie wieder vom Einkaufen zurück. Mühsam stieg sie die Anhöhe zur Alm hinauf. Das Gebirge schien heute noch gewaltiger zu sein als sonst. In diesem Augenblick erkannte sie ganz von ferne - Peter! Er lief direkt auf sie zu. Von der rechten Seite peitschte ihr ein Windstoß ins Ohr, ihr Vater rief in der Hütte nach ihr. Es war tatsächlich Peter! Stefanie war völlig fassungslos. Sie ließ alles stehen und liegen, sprang zwischen den riesigen Felsen so leicht und flink wie eine Gazelle hindurch. Peter hatte sie jetzt auch erkannt. Seine Schritte wurden ebenfalls schneller. Er hatte den großen Felsvorsprung schon erreicht. Stefanie stand nur noch wenige Meter vor ihm. Gleich würde sie bei ihm sein, sie hatte die Hände schon nach ihm ausgestreckt ... Plötzlich verfinsterte sich der Himmel! Eine ungeheure Schwärze hüllte den strahlenden Tag in eine undurchdringliche Nacht. Die Sonnenfinsternis! durchzuckte es Stefanie. Sie konnte für einen winzigen Augenbblick, den Bruchteil einer Sekunde Peter ganz nah vor sich spüren, wollte ihn umarmen, ihn küssen, ihn nie wieder loslassen, nie wieder verlieren ... Da brach sie vor ihm nieder, stürzte ins Bodenblose hinab, hatte keinen Halt mehr, hörte wie in Trance die verzweifelten Schreie von Peter, vernahm nichts mehr ... Die weißliche

Strahlenkrone der Sonne, die Korona, warf bleiche Lichtschatten in die Tiefe.

Als die Sonnenfinsternis vorüber war, stürzte Peter wie von Sinnen den Abhang hinunter. An einem großen Eichenast lag Stefanie. Ihr Kopf war nach unten geneigt, die Augen geschlossen, der Mund halb geöffnet. Sie war tot. Helle Sonnenstrahlen fielen auf ihr schönes Gesicht. Peter weinte. Stefanis Vater rief in der Hütte noch immer ihren Namen ... Bei Sonnenuntergang herrschte Stille ... Nur die Kirchturmglocke hörte nicht mehr auf zu läuten.

Günter Stahl

EINE REISE IN EUROPA: WIESBADEN - TURIN

zur XXIII.
Generalversammlung der S.E.C. Société
Européenne de Culture Venedig
für FRIEDE - wieder allen Krieg - durch
Politik der Kultur

Ein Bericht

Günter Stahl

Hin-Führungen ...

Mit dem Taxi wird Philipp Conrad Colonius[1], zum Mainzer Hauptbahnhof gefahren. Der Nacht-Taxi-Fahrer ist sein ans Herz gebundener Sohn. Dabei lebt, strebt P.C.C. -trotz vielerlei mammonbestimmter Vergeblichkeiten in Wiesbaden nach Vorstellungen von christiana humanitas - auch wenn diese noch so gebrochen ist.

In Mainz beginnt - mitten in der Nacht - um 0.10 Uhr- die Reise (Manns 1998) aus engagiertem Wagen ins Ungewisse: nach Turin in der Region Piemont ('am Fuße der Berge'). Das Ungewisse, das Unwissen hat unterschiedliche Gesichtspunkte. Einmal ist es ein ungenaues Er-Innern. Ständig verflüchtigen sich Eindrücke; es sind besonders die, die nicht gut genug verarbeitet worden sind. ...Colonius hatte mit seiner Frau und deren beiden Söhnen in den 70er Jahren die Stadt Turin bei einer Durchreise besucht. Er kann sich aber nur noch an Straßen mit Kolonnaden, und -zudem aus den Medien- an die Stadt mit den FIAT-Werken der Großindustriellen-Familie Agnelli erinnern. Es ergibt sich also Ungewisses bei nicht genügendem Wahrnehmen von Wirklichkeit mit deren Veränderungen ... und Dauer (Henri Bergson). Das Fragmentarische in der so blendungsreich verführerischen und so bedrohten Wirklichkeit beunruhigt Peter Conrad Colonius. Hinzu kam ein körperlicher Schmerz. Er hatte sich versehentlich an einer Bordsteinkante am Platz der Deutschen Einheit in Wiesbaden vor einigen Wochen den linken Fuß 'vertreten', die Muskeln, Sehnen sind überdehnt, tordiert worden. Das prägt seinen geistig geistlichen Zustand.

Die gar manchmal 'lucid', luciferisch getarnten Abgründe, Tiefen, Teufen, Teufeleien im Leben sind heimtückisch; sie sind kaum in ihrem Umfange auszumachen. Die innere und äußere chaotisch wirkende Situation ist nicht überschaubar. Aber dennoch soll gelten: Behalte Mut, Courage. Und dies ist notwendig, um anstehende Aufgaben verantwortungsvoll gestalten zu können. Dabei fragt sich Philipp Conrad: Was bestimmt das Wesen unseres Menschseins? Dieser und anderen ähnlich angelegten Fragen versucht er nachzuspüren. Die zentrale Aufgabe bei dem Menschwerden scheint das Erlangen eines 'Aufgelockertseins' zu sein, eines persönlichen 'Lockerbleibens', um gelöst verschiedene Aufgaben gestalterisch in den Griff bekommen zu können. Was kann aber die Sinne spielerisch, flexibel werden lassen? Das ist die innere, äußere Emsigkeit, das Bewegen von Gedanken, ... gegen vorschnell 'festzementiertes' Vor-Urteilen. Das zielt auf Chaos. Es sind dazu auf entschiedene Weise gelockerte und nicht festgefahrene Situationen anzustreben. Das hängt mit Kultur, und mit weiter zu differenzierender Kunst zusammen. Das ist auf poietische Weise mit singend schwingend schockelndem Herzen und Sinn zu erfassen und produktiv zu prägen, zu gestalten. Generosität bringt auf kreative Weise neue Gestalten, Figuren beim Werden von Sein hervor.

Philipp Conrad Colonius sieht sich gehalten, immer wieder über solche und ähnliche Fragen nachzusinnen. ... Das sollte auch im Sitzabteil des Nachtzuges geschehen. ... Er war aber innerlich wie leer gefegt. ... Das 'Rattern, Hämmern, ...' des Nachtzuges ließ ihn nur zum Dahin-Dösen kommen. ...

Umsteigen in Basel

Schließlich mußte er auf äußerlich Notwendiges achten, wie Umsteigen in Basel. Dort begegnete er -wie verabredet- Ernst Pavlik (G.S. 1996a, S. 178ff; G.S.: BläFBB 5/1997, S. 33ff, 865f) aus Karlsruhe - einem Erster-Klasse-Fahrgast. P.C.C. kam auf dem Bahnsteig mit ihm ins Gespräch. Ernst P. hatte viel zu erzählen von dem von ihm zwischenzeitlich erworbenen alten Hause aus dem frühen 18. Jahrhundert, das er nun mit seiner Frau auch als Galerie, Töpferei, Autoren-Kabinett ... nutzen kann. ... Der Zug fuhr von Basel ab. ... Er besuchte etwas später Philipp Conrad in der Zweiten Klasse. Mit ihm war wieder angenehm zu plaudern. E. Pavlik ist ein gut anzusehender Mittsechziger, ein schlanker Herr mit dicht grauen Haupt-Haaren. ... Durch den sel. Günther Schwarz (1905-1996), Darmstadt (G.S. 1996a, S. 201; G.S.: BläFBB 5/ 1997, S. 91-97), begegnete Philipp C.C. Dr. Pavlik erstmals im Jahre 1991 bei der Allgemeinen Konferenz der S.E.C. Europäischen Kulturgesellschaft in Padua. Bei der S.E.C.-Konferenz im Oktober 1995 in Venedig wurde er in den Conseil exécutif der S.E.C. berufen - neben G. Schwarz (S.E.C. 1996, s. eingefügtes Sonderblatt, S. 104ff). Bei dem Be-Gegnen auf der Insel San Giorgio Maggiore (mit dem Kloster der Salesianer) entstand vor dem inneren Auge des P.C.C. die 'einsichtige'

Figur E.P. ... Ein Stück von hoffnungsvoller Zu-ver-Sicht.

Das Zug-Fahren durch die Schweiz in den anbrechenden Tag hinein war ein Erlebnis - auch gerade weil Philipp Conrad auf paradoxe Weise gedämpft wach war, und vor sich hinsinnierte. ... Unvergeßlich ist P.C.C. von einem schmalen Fensterblick-Winkel aus das Sehen der Stadt Bern. P. Conrad konnte meinen, als sähe er den komplex komponierten Ausschnitt einer hohen Stadt wie durch einen Schleier. Und er fragte sich: Aus welchem Grunde heraus spiegelt sich Gestalt der Stadt?

Als der Zug durch das Land 'schwebte', war P.C.C. von der Landschaft mit den (anscheinend hineinge-'hauch'-ten) Siedlungen berührt. Hierbei war es ihm, als lebten hier genügend Menschen, die rechtzeitig versuchen, ahnend zu verstehen, drohendes Chaos zu bewältigen ... Das Land berührte Colonius zudem, weil zum einen sein Vetter, Hermann Diehl aus Weilburg an der Lahn (G.S. 1996, S. 120ff), in Baden bei Zürich wohnt und arbeitet, und zum andern kann er das Land etwas besser verstehen, weil ihm der vdf Verlag (Angelika Rodlauer) der ETH-Zürich seit einiger Zeit Fachliteratur aus dem ORL-Institut von Jakob Maurer u.a. zur Besprechung anvertraut (BläFBB 5, S. 439ff, u.a.). Dabei wundert sich Philipp C. über besonnen angestrebte Lebensformen von Schweizern. Dies zeigt sich vornehmlich an dem Bemühen von Fachleuten, Städte durch Schriftstellerinnen und Schriftsteller geistig, geistlich zu erkunden, zu diagnostizieren und deren Zukunft - wenn auch nur fragmentarisch- zu antizipieren. Es geht um Stadtgestalt, Geborgenheit - im Spannungsfeld zu Fremdheit (s. z.B. Hans Boesch, 1998 Preisträger der Akademie für Wissenschaft, Kunst, Literatur, Mainz; BläFBB 5, 459f; s. auch Birgit Wehrli-Schindler, BläFBB 5, 465ff).

Das freut P.C.; denn er ist geneigt zu meinen, solche Menschen sind noch nicht durchweg vom mörderischen 'Mehltau' des alles gedankenlos bestimmenden Mammon, des Hedonismus, eines (gute Gedanken, Taten abwürgenden) Neopositivismus, eines überspitzten Utilitarismus befallen. ... Colonius wird indirekt erinnert an Utopia, an "Erwartungsland" mit "Lichtspur(en) im Nebel" von Tonia Damm (1995, 1997).

Das Zug-Fahren durch das Land vollzieht sich wie in einem groß angelegten harmonischen Bogen. Das gemahnt, das Phänomen notwendiger Langsamkeit zu bedenken, zu beachten. ... Die Seele braucht Zeit, um dem unablässigen Verändern nachkommen zu können. ... Es gilt, großartig natürliche - geistige Kontrapunkte zu ahnen. Das sind die gravitätisch und majestätisch wirkenden Berge. Aber - der Freund von P.C., Rolf Becks (s. Wer? Essen), berichtete ihm mal von einem Begegnen mit Arno Schmidt. Der liebte nicht die Enge der Berge, dagegen das flache Land, die Heide, das Dorf Bargtheide ... Aber - das Leben ist nicht 'platt'. Stets ist zu unterscheiden. Eugen Kogon sagte immer wieder: Distinguo! Das gilt für ein differenziertes Erkennen von Landschaften mit deren natürlichen Gegebenheiten - und den darin eingebundenen Menschen.

Colonius wird im Laufe seines Lebens allmählich deutlich: Menschwerden ist eine fast unendliche Kette, Abfolge von zumeist schmerzhaften Metamorphosen (Ovid) - zur Heiterkeit, zum FRIE-

DE hin. Das ist kaum durchschaubar. Er ahnt: Vordergründiges ist nicht real. Wirklichkeit hat tausenderlei Facetten mit dem unfaßlich Janusköpfigen, Viel-Gesichtigen. Und wenn das so ist, so gibt es auf den (ersten) Anschein hin keine eindeutig großen und kleinen Menschen, Geschöpfe. Und das Vermächtnis des Neuen Testamentes lehrt, und gibt zu bedenken: Die Letzten werden die Ersten sein. ... Also - Vorsicht, Umsicht, Achtsamkeit ist geboten. Das ist Religiosität. Es gibt nämlich undurchschaubare Wogen von Vernetzungen, Verkettungen. Jede 'Wendung' von Leben bringt überraschend neue und unfaßbare 'Ansichten', 'Einsichten'... hervor.

So ist es auch beim Fahren mit dem Zug, der sich allmählich dem Alpenpaß nähert. ... Das versucht wissende Schauen ist für P.C. aufregend. Immer wieder meint er ahnen zu können, daß es hier und jetzt schon Fetzen, Inseln von gehauchtem Frieden gibt. ... Die Höhe des Simplon-Alpenpasses mit dem anschließenden Eisenbahn-Tunnel (kombiniert mit Passagen auf Eisenbahn-Waggons für den Motorisierten IndividualVerkehr) ist erreicht. ...

Nach einem Ächzen, Schnauben bis zur Tunnel-Einfahrt ... zum Scheitel ... braust der Zug 'erleichtert' ins Tal. ... Das deutet zunehmend eine sichtbar spürbare Kultur-Änderung in einer anders geprägten Landschaft an. Gedanklich zu ertasten sind natürliche 'Grenzen', kulturelle Unterschiede. ... Solche und ähnliche Fragen beschäftigen Philipp C.C.; er denkt an Überlegungen von Henri Bergson: "Die Wahrnehmung der Veränderung" (1993, S. 149ff). Mit A.M. Klaus Müller (s. Wer? Essen), der einmal Gast der FBB Freudenberger Begegnung war, fragt er sich: Warum muß ständig um einen herum meist alles 'platt-ge-macht', über 'einen Kamm' geschert werden? Die wissen-chaftstheoretischen Annahmen der homo-genen Fläche und des homo oeconomicus im aus-gehenden 19. Jahrhundert -bei beschränkt mög-lich weitreichendem Verkehr- von Menschen waren historisch nur zeitweise sinnvoll und leistungs-fähig. Hinzu kommt das vernachlässigte prinzipiel-le Kain- und Abel-Problem, das nicht nur gegen-über den 'Ost-Juden' in der jüngeren Deutschen Geschichte so verhängnisvoll bedeutsam war (vgl. A. Otto 1997, S. 109ff). Bei der heutigen, nahezu global bezogenen Mobilität mit deren weltweit dif-ferenziert möglichen Erreichbarkeiten sind solche rigoros vereinheitlichenden Annahmen sinnlos. Sie stiften Ungemach!

Es ist also bedeutsam, nuanciert Identitäten zu erhalten, zu verbessern, zu stärken. ... Das sind Quellen von persönlichem Glück. - Das wird generiert, erzeugt aus speziellem Genius loci.

Der Schnellzug fährt am Lago Maggiore vor-bei, einem geahnten 'Auge des Guten'. Es ist das der die Erde umschwebenden, tragenden Maja. ... Der Zug hält u.a. in Domo-dos-sola, am Haus der Einsamkeit (?). ... Gegen Mittag läuft er in Mailand ein. Das Fahren durch die zunehmend bebaute Landschaft läßt etwas von Transformation ahnen. ... Umgestiegen wird in den Zug nach Turin; er fährt durch die Po-Ebene. Die Gutshöfe - zum Teil in nicht gutem baulichen Zustand, und gar partiell verlassen, leerstehend, prägen Landschaft. ... P.C. Colonius schaut schmerzlich die bruchstückhafte, die nicht mehr genug geliebte, gelebte Landschaft von Menschen. Das Chaos droht Menschen 'anzufallen', zu erschlagen, ... Eine herzhaft bedachte, gelobte 'Kehrtwende' im Fühlen, Denken, Handeln erscheint notwendig, um Katastrophen, einem "Umkehren von einem Oben nach Unten" zuvor zukommen. Zum Werden von kulturell bestimmter Gestalt von Erde gehören Menschen mit Herz und Verstand (Blaise Pascal) - aber auch mit entschieden tätigen Händen, Füßen. Hände haben sich zudem noch segnend zu erheben. ... P.C. erinnert sich an gestaltete Landschaft in Süd-England, an die unfaßlich bezaubernd durch Haine, Hecken gegliederte Landschaft in der Provence. Er überlegt: Wäre es für Menschen nicht eine Wohltat, wenn beim tätig sinnenden Werden zum Menschsein hin, Landschaften mit Gebautem etwas von vornehmer Gestalt, vom 'Bauen eines Domes' widerspiegeln. - Wäre das nicht ein Segen - und zwar gerade beim sich so schmerzhaft entfaltenden Sinn in der Zeit (Georg Picht)? Das dazu notwendige Mühen, Arbeiten brächte innere und äußere Kleider, Roben der kultiviert zivilisierten Humanitas hervor. Darauf deutet die etymologische slawisch-bestimmte Wortbedeutung von Arbeit (wie roboter) hin. ... "Arbeit macht frei" - das gilt nach wie vor, auch wenn diese These auf so zynisch-vernichtende Weise gegenüber anderen Menschen pogromhaft schändlich von Faschisten, (meist sich nicht bewußten) Massenmördern, von letztlich all den gedankenlos Mitschwimmenden mißbraucht wird. Die zentrale Arbeit eines jeden Menschen, auch wenn er noch so mit eigenen Abgründen belastet ist, mit Teufeleien, dem Bösen, Verwirrer, Diabolos, Zwei-Teiler auf möglichst entschiedene Weise fertig zu werden.

Das rechte Leben, Wirken, Sein auf Erden ist nicht durch unfehlbare Überschlauheit bestimmt, sondern durch demütig offenes Engagieren, durch ein Hassen von Überklugheit, von Abgründen. Das verrät die Sprache bei den Familiennamen: Has(s)enclever, Hass(e)nteufel.

Der Zug rollt in Torino Porta Nuova am Corso Vittorio Emmanuele ein. Die innere Spannung hat zugenommen. Denn zwischenzeitlich stellte P.C. erschreckt fest: er hat keine Hotel-Adresse. ... Er hofft auf die Hilfe von Ernst Pavlik.

Ankunft in Turin - Nuova Porta

E. Pavlik und P.C. Colonius sind wohlbehalten im S.E.C.-Konferenzort angekommen. Aber gleich geschah Kurioses: Mit dem Taxi fuhren E.P. und P.C.C. um die 'Ecke' - und sie standen unerwartet nach wenigen Minuten vor dem Hotel am Piazza Carlo Felice, das für E. Pavlik reserviert ist. Nach gewisser Zeit telefonierte er mit dem Organisationsbüro der S.E.C. ..., und nun erfährt P.C. den Namen des für ihn vorgesehenen Hotels: Walldorf Astoria in der Via XX Settembre. Er war beeindruckt, verwirrt. Das gleichnamige Hotel Walldorf-Astoria in New York? ... Mit seinem Röllchen-Koffer humpelte er hin, aber der Koffer benahm sich schlecht. Immerzu legte der sich wie ein 'Schweinchen' auf die Seite. Endlich war er im Hotel. Dort war Philipp C.C. überrascht über die in dem alt-bescheidenen Hotel, das um die Jahrhundertwende errichtet worden war, anwesenden Gäste. Er freute ... und täuschte sich zugleich in einer Dame: er meinte Lana Gogoberidze, die Abgeordnete aus Georgien (BläFBB 5, S. 79ff; 877), begrüßen zu können. Irrtum! Es war die attraktiv liebenswürdige Gattin von Alexandre Koudriatsev, Vizepräsident der S.E.C., Moskau, mit Hut. Die nächste Verwirrung war, daß P.C.C. partout nicht der Name von dem russischen Schriftsteller Juli Edlis einfiel, obwohl dieser noch kurze Zeit vorher deutlich in seinem Gedächtnis gespeichert worden war. Dieser erinnerte ihn mit seinem prägnanten Gesicht und den kurz geschorenen dicht-grauen Haaren an den bedeutsam humanen Verkehrswissenschafter Dr.-Ing.habil. Gerhard Scholz, Düsseldorf, Deutz (G.S. 1994, S. 11). Es waren noch eine Reihe von anderen Menschen da, wie: Architekturhistoriker Dmitry Shidkovsky mit Gattin aus Moskau, ... wie etwas später auch Iring Fetscher (Brockhaus-Enzyklopädie; Wer?), der deutsche Vizepräsident der S.E.C. ...

Das nächste Mißgeschick war, daß der Aufzug mit geschlossenem Gehäuse, der im offenen Aufzugschacht fährt, als schließlich die Reihe an P.C. kam, nicht wieder nach unten fahren konnte. Die Kabinentür war oben von den zuletzt Hochfahrenden nicht wieder geschlossen worden. P.C. rief. Es rührte sich nichts. P.C. hechtete humpelnd, schwitzend in den 4. Stock. Glücklicherweise hatte er zuvor einige Bücher (BläFBB, Band 5), Kunstkataloge über Bildhauerin Ortrud Heuser-Hickler (G.S. 1997) den Freunden, Kollegen aus Rußland verehren können.

In dem Hotel wohnte auch die jugoslawisch serbische Gruppe. Mit der kam P.C. beim Abschluß-Mahl unerwartet in Kontakt.

Sitzung des Conseil Exécutif im Castello del Valentino

Nach dem Ablegen des nicht mehr benötigten Gepäcks und nach einer kleinen Erfrischung traf sich P.C. mit Ernst P. in dessen Hotel. Die nächste Irritation folgte: Beim Studium des Stadtplanes verführte die unklar in den Köpfen abgebildete Lage des Bahnhofes zum fast falschen Wählen des Weges zum ersten Versammlungsort der Séance du Conseil exécutif im Castello del Valentino am Ufer des Po (L. Mozzati 1996, S. 69f), Politecnico di Torino, Viale Mattioli, 39, am Jeudi 26 février, 17 Uhr. ... Nach einigem hin und her ist klar: es ist in Richtung Po, also ist es den Berg hinunter zu gehen. ... Überrascht stehen die 'Wanderer' vor dem hufeisenartig oder u-formig angelegten Barock-Palais aus dem 17. Jahrhundert (mit baulichem Anfang von 1564). In der repräsentativ ausgemalten Aula freute sich P.C. Colonius, weitere S.E.C.-Mitglieder begrüßen zu können, wie Jeanne Bareau aus Brüssel, der mit Georges Bouillon beim Conseil exécutif-Treffen in Madrid und Segovia im März/April 1997 begegnet werden konnte, auch Senatore Luigi Gui ... Und im Kontext mit diesem Herrn ergab sich eine Konfusion: P.C. hatte eine Menge von Bänden 5 der BläFBB und auch einige Hefte von dem Bildhauer-Katalog Ortrud Heuser-Hickler mitgebracht. Er will einige Kommilitonen für Text-Beiträge zu dem Band 6 der Blätter um die Freudenberger Begegnung (wegen 20 Jahre FBB) gewinnen. Die Bücher hatte P.C. in der etwas angestrengten Situation zuvor einem anderen Herren zugedacht, aber ein Hut täuschte ihn. Der gehörte Luigi Gui. Philipp C.C. freute sich zudem u.a. über das Begegnen mit Eugeniusz Kabatc; und dem herausragenden Maler und Bühnenbildner Joszef Szajna (I. Bentchev 1994, S. 102; Marquis 1997, S. 1424 M. Rusinek 1995: Portraitfoto J.S.), einem Teilnehmer an den Ruhrfestspielen Recklinghausen. Die Frau von P.C.C. hatte etwas im Rundfunk von einer Ausstellung im ehemaligen KZ Buchenwald gehört; J. Szajna war an dieser Exposition mit Arbeiten beteiligt. Freudig begegnete er Adam Schaff, dem unbeirrbar kämpferischen ökumenischen Humanisten; der ist Mitglied des Club of Rome. P.C.C. erinnert sich: In Padua vermittelte Günther Schwarz eine herzhaftes Zusammenkommen und -sitzen, -essen mit A. Schaff; der war da-nach Gast der 116. FBB am 23.4.1992 (BläFBB 4, 97f, 310ff, 817). Spontan sagte er beim Begrüßen zu P.C.C.: Oft habe ich an Sie denken müssen. Wie geht's wohl dem Wiesbadener? Colonius erinnerte sich an das erste Begegnen. Unpassend hatte er damals zu ihm gesagt: Ich kenne ihren Namen; sie sind für mich wie ein 'Säulenheiliger'. Zu dieser falsch ungenügenden Benennung hatte sich Colonius spontan hinreißen lassen, weil er von dieser liebenswürdig-strengen Persönlichkeit beeindruckt ist.

P.C.C. schüttelte u.a. noch die Hände von: Michelle Campagnolo-Bouvier (BläFBB 5, 875f), Vincenzo Cappelletti, Enziclopedia Italiana, Rom; Giuseppe Galasso, Arrigo Levi, Mark G. Field (BläFBB 5, 82ff), ... - Bei der Sitzung des Conseil exécutif wurde über die derzeitige finanziell schwierige Situation der Kulturgesellschaft, und über neu aufzunehmende Mitglieder aus verschiedenen Ländern, berichtet. ... Dennoch zeigt sich ein unbeugsamer Wille, die Arbeit der S.E.C. auf entschiedene Weise fortzusetzen. ...

Abschließend gab es nach einer Anfahrt mit einem Bus erfrischende Begegnungen im Restaurant Arcadia in der Galleria Subalpina 16. Der schlichte und ästhetisch anspruchsvolle Raumcharakter wird bestimmt von den hohen, antik granitenen Säulen mit Kapitellen. Hier läßt sich's mit anderen Menschen gut sein. Schon diese 'Atmosphäre' lieferte einen Beitrag zum guten, gegenseitigen Ver-Stehen, zum Be-Gegnen aus freundlich heiterer Ge-lassenheit. Das ist eine Ouvertüre zu einer Tagung zum Bedenken, Fördern von FRIEDE - aus Freude, Kultur.

"Une paix qui n'ait pas alternative la guerre": Le cas de l'Europe. - Inauguration

Die S.E.C. Generalversammlung wurde in der barock gestalteten Aula magna mit lebensgroßen Skulpturen der Universität ... degli Studi di Torino, Via Verdi 8, feierlich inauguriert. Zuvor berührte die Gäste die zweigeschossige Kreuzgang-Architektur des Innenhofes der Universität. Dort konnte P.C.C. wenige Photos knipsen: .... Ernst Pavlik, Adam Schaff, Krysztof Zaboklicki, Direktor der Polnischen Akademie zu Rom. ... Professor Zaboklicki ist erfrischend liebenswürdig, zuvorkommend. Colonius freute sich über das Wiederbegegnen ... Welch ein .... aufleuchtender Grund von SHALOM.

Der von sich aus 'redende' Raum der Inauguration wurde zusätzlich 'gefüllt' mit Begrüssungs-Reden, wie von Augusto Forti von der UNESCO. V. Cappelletti sinnierte eindrucksvoll und engagiert über: Für ein Europa ohne Friedhofsruhe, und A. Levi sprach mit Esprit über: Europäischer Friede, globaler Friede. ...

Im aufreizenden Lichterschein für Fernsehaufnahmen schweifte Philipp C.C. manchmal mit seinen Gedanken ab. In den Sinn kam ihm der oben erwähnte Dr. Günther Schwarz+, dem jahrzehntelangen Promotor der "darmstädter blätter, wir lesen für sie". Dazu hatte ihn Eugen Kogon (Brockhaus-Enz.) an der damaligen THD Technischen Hochschule Darmstadt (seit 1998 TUD Technische Universität DA) ermuntert. G. Schwarz hatte nämlich Vorlesungen, Seminare von E. Kogon besucht. Nach längerer Zeit hatte P.C. Colonius den großen Drang in sich, Günther Schwarz zu begegnen. Das ließ P.C.C. keine Ruhe. Er raffte sich auf und begegnete einem alt jungen Menschen, der von Energie und Geloben von FRIEDE ... sprühte. Dr. Schwarz hatte sich -nach fast einem Menschenalter- zu einem dezidierten Pazifisten (wie nach Bertrand Russell, dem er äußerlich immer mehr glich) entfaltet. Der Mensch Günther Schwarz hatte sich -welch ein Wunder- durch eine Metamorphose zur bestimmt entschiedenen Menschenfreundlichkeit hin entwickelt. Das war auch durch seine produktive Freundschaft mit dem Friedensforscher Anatol Rapoport gefördert worden. Dem UNfaßlichen sei Dank! ... Nun - vollkommen unerwartet wies G. Schwarz Colonius den Weg in die S.E.C.

Die S.E.C. selbst ist eine besonnen beherzte Antwort auf die Katastrophe des Zweiten Weltkrieges; sie wurde begründet von Umberto Campagnolo, einem Sokratiker. Im Jahre 1950 schlossen sich rund 300 Persönlichkeiten zur S.E.C. zusammen, wie: Julien Benda, Patrick M.S. Blackett, André, Breton, Karl Barth, Marc Chagall, Benedetto Croce, Franz T. Csokor, Eugenio d'Ors, Mircea Eliade, John B.S. Haldane, Jaroslav Iwaszkiewicz, Lous Jiuvet, C.G. Jung, Thomas Mann, Gianfranceso Malipiero (von diesem S.E.C.-Mitglied wurde im einem venezianischen Palast ein Stück mit dessen Musik aufgeführt), Francois Mauriac, Stephen Bender, Giuseppe Unguaretti, Hans Urs von Balthasar, ...; Albert Camus (M. Rusinek 1995, S. 14), ... Hierbei geht es um eine Politik der Kultur - für eine tragfähige, nachhaltig gestaltete Zukunft in FRIEDE (s. BläFBB 5, S. 69ff) ...; Stadtplaner, Philosoph Lewis Mumford (Preisträger der S.E.C.).

Philipp P.C. sah zudem vor seinem inneren Auge: Komponist Erwin Amend+ (E. Caspary; Wer?); Verleger, Schriftsteller Arnim A.S. OTTO (IBP; Kürschner; S. Liersch). Er denkt an den Philosophen Franco Lombardi (Brockhaus-Enzykl.), dem er bei den Alpbacher Hochschulwochen begegnete; an den Architekten Angelos Angelopoulos+, einem ansehnlich faszinierend großen Menschen bei der S.E.C.-Tagung in Padua im Jahre 1991 mit G. Schwarz (S.E.C. 1996. S. 92f). ... Herzhaft erinnert er sich auch immer wieder an Pinchas Lapide+ mit Frau Ruth[2], der erfolgreicher S.E.C.-Kandidat war. Ruth L.-R. besuchte gern einmal Venedig. ... Beide sprechen sich unermüdlich für "Entfeindung" aus. Bei seinem inneren Schauen nimmt P.C.C. noch die weiteren, künftig erhofften Mit-Streiter wahr, wie:
Verlegerin Inka Bohl; Schriftsteller, Lyriker Andreas Georg Berg (SWF Fernsehen, Mainz; BläFBB), Autor, Redakteur Anton Andreas Guha (FR Frankfurter Rundschau; Bad Nauheim - bei Frau Hart-

mann), Schriftsteller Hadayatullah Hübsch (S. Liersch 1993; W. Killy 5, 1990, S. 499); Staatssekretär Rolf Praml (IBP M. Wockel) ...

Bei dem inneren Sehen der verschiedenen Gestalten wird P.C. Colonius zunehmend verständlich: Schon das Charisma, Kharma von Menschen legt Grundsteine, Mosaiken zum Erblühen von gegenseitiger Auskömmlichkeit, Verträglichkeit. ... Die Aura von ernst gemeinter Freundlichkeit (und nicht die der scheinheilig engherzig intolerant 'geschäftsmäßigen', 'luziferischen', die unbarmherzig, gar tödlich wirkend dem Mammon verpflichtet ist) ist ein Fundament von universal wahr tolerantem Mensch- und Geschöpfsein. Das bedeutet, stets gewillt zu sein, Herausforderungen entschieden anzunehmen. Einer solchen challenge mit angestrebten Balancen, von der auch Eugen Kogon immer wieder sprach, wie von checks and balances, kann nur mit ernsthaft bescheiden demütigem Ernst, mit Nach-denk-lichkeit, mit Danken in Herz und Sinn begegnet werden.

Es kann mit anderen S.E.C.-Mitgliedern immer wieder die außerordentlich segensreich wirksame Arbeit der S.E.C. in der Zeit des Kalten Krieges bis zum Fall der Berliner Mauer, des Eisernen Vorhanges im Jahre 1989 herausgestellt werden. Das konnte nur aus tief bewegtem Schauen vom Wesen des Mensch- und Geschöpfseins geschehen.

Eine solch stets anzustrebende noble Grandezza vermitteln ahnungsvoll V. Cappalletti, M. Campagnolo-Bouvier u.v.a. Aus deren Ge-bärden, aus dem von diesen 'Ge-borenen', Er-zeugten, Generierten ... kann ein herztiefes Beschwören eines -wenn auch immer noch so schmerzhaften- Werdens von Europa in der Welt geahnt, gespürt werden. ... Denn: dagegen steht vor dem inneren Auge eine unübersehbare Menge von Arbeits-Losen, von Menschen, denen ein ernsthaftes Werden, eine Würde versagt wird. Das Schlimme ist, daß Menschen unbedacht sind, und andere irgendwie behinderte Menschen wie 'Müll' behandeln, oder gar bezeichnen. Warum ist das so? - Obwohl seit der hebräischen Hochantike, ... der Aufklärung entschieden für Menschwerden gestritten, gestorben wird. Es scheint, als ob auch zwei Weltkriege nicht ausreichten, um endlich Menschen zu Erbarmen, zu mitfühlend umsichtig vorausschauend herzhaftem Verstand zu bringen. ... Obwohl fast ständig unbedacht und mit lauen Herzen, Sinnen (erbarmungslos) getönt wird vom Menschenrecht. Das grenzt an ... Zynismus. +++ Wenn der nicht 'gebrochen' werden kann, werden wiederum schlimme Katastrophen heraufziehen. Es gibt unzählig glühende Zeichen an Wänden ... in der Kunst (wie "kopfstehende Portraits" von Anselm Kiefer (?) - im Bonner Museum). Das kann man schon daran ablesen, wie junge Menschen sich Werde-, Gestaltungs-Räume versuchen, sich zu erkämpfen, indem (meist wütend unschöne) 'Zeichen', Graffiti an Wänden entstehen. Solch ein 'Energie-Strom' ist als fundamental politische Aufgabe zu erkennen ... und schließlich umzusetzen.

Zurück zur Eröffnungsfeier. ... Zur Inauguration konnte der S.E.C.-Ehrenpräsident Norberto Bobbio -aus Gesundheitsgründen, er ist 85 Jahre alt- nicht kommen. Colonius erlebte ihn bei der Inauguration in Padua. ... Kürzlich erschien in Deutschland ein Buch von ihm über Einsichten eines alten Menschen. (Diese Persönlichkeit ist beispielsweise Dr. Konrad Schacht, dem vormaligen Leiter der Hessischen Landeszentrale für politische Bildung zu Wiesbaden, bekannt.)

Zum Gelingen der Konferenz hatten herausragende Persönlichkeiten Glückwunsch-Botschaften gesandt, wie:

Paolo Costa (Minister für öffentliche Arbeiten, Rom), Jaques Delors (vormal. EU-Ratsvorsitzender; Marquis 1997, S. 339), Bronislaw Geremek (* Warschau 6.3. 1832; Preisträger der S.E.C. Träger des Karlspreises am 21.5.1998, s. Monika Scislowska, Warschau: Ein Europäer aus dem Osten. Polnischer Außenminister Geremek erhält den Aachener Karlspreis, in: WI Kurier 21.5.1998, S. 14, mit dpa-Foto: Rita Süssmuth mit B. Geremek am Rhein), Mikhail Gorbatchov (Marquis 1997, S. 522), Michal Rusinek, Raymond Barre (vormaliger französischer Ministerpräsident; Oberbürgermeister von Lyon); Paolo Savona, ... (s. Rundschreiben von M. Campagnolo-Bouvier, 3/1998).

Die Inauguration mit den vielen guten Worten, Einsichten, den indirekten Synergien, Wirkungen ... ging zu Ende. Aber das nächste Mißgeschick wartete auf Iring Fetscher, Ernst Pavlik und P.C. Colonius. Eifrig wurde von I.F. der Stadtplan studiert, um zum Restaurant Arcadia zu finden. Die Männer drehten sich im Kreise. Der Schmerz im linken Fuß des P.C. war unerträglich. Einmal standen sie dicht dabei. Eine junge Dame war en passent Cicerone - am Piazza Castello. ... Mehrfach hechteten die Männer am dortigen Reiterdenkmal vorbei. ... Aber das Restaurant wurde verfehlt. ... Zum Glück: die Odyssee ging zu Ende! - Das legt nahe zu überlegen, wie schnell Menschen trotz bester Absichten und Anstrengungen in Labyrinthen, Irrgängen, selbstgestellten Fallen ... untergehen können. Welche inneren/äusseren Boten, Engel des GUten müssen ihn auf elementare Weise begleiten, führen, nachhaltig leiten, bewahren, schonen. ... Schließlich: Welch un-ER-warteter Einklang, Zusammenklang ergab sich mit dem letztlich doch so geliebten, geschätzten Wahren, Guten, Schönen? - Das war ein 'Zusammenklang' mit freundlich aufgeschlossenen Menschen am Freitag-Vormittag, dem 27. Februar 1998, ab 10 Uhr.

"Une paix qui n'ait pas alternative la guerre": Le cas de l'Europe

Kolloquium mit Vorträgen und Diskussionen in einem Hörsaal des Polytechnikums beim Castello Valentino.

Am Freitagnachmittag, dem 28.2.1998, 15 Uhr, wird die Konferenz eingeleitet mit der Deuxiéme séance - leider in einem miserabel gestalteten Hörsaal des Polytechnikums. Der eindimensionale Verstand von Menschen, gar Ingenieuren ... wird deutlich. Optimiert wird die Schallfrage - und das führt zum ungemütlichen Ergebnis: mausgraue, teilweise lädierte Verkleidung an Dekken und Wänden - bei elektronischen Spitzengeräten. Es gibt (bei fast zugezogenen Vorhängen) einen schmalen Blick-Ausschnitt in den herrlichen Park am Po-Ufer. ... Welch heruntergekommenes Verständnis von Wirklichkeit können Menschen haben? ... Begriffen, gefühlt wird offensichtlich nicht der mögliche Zauber vom Genius loci eines bescheiden gestalteten Raumes, der vielmals Augen und Ohren öffnen könnte ... auch für verborgen wesendes Heilige (Karl Wimmenauer). - Welch ein Kontrast zu dem Barock-Schloß ?

Matteo Campagnolo, der Sohn des Gründers der S.E.C. Umberto C., sprach über: "Krieg - die Stunde der Geschichte" - Gedanken zum Thema[3]. Giuseppe Galasso über: Politik der Gewalt und Politik des Friedens. Und - Iring Fetscher trug Thesen vor zu: "Die Zukunft der Nato und der Friede in Europa". Davon kann ausgeführt werden:

1. Der Nordatlantikpakt NATO [= l'OTAN] hat während des Kalten Krieges erfolgreich einen offenen Krieg behindert, der aber nach dem Ende der Sowjetunion und des mit dieser bis dahin verbundene Warschauer Pakt nicht überflüssig geworden ist.

2. Gegenüber der bevorstehenden EU-Währungsunion ab 1.1.1999 ist das Paktsystem politisch. Es verknüpft Europa, das nun nicht mehr 'Juniorpartner' sein soll, mit den USA, der letzten Weltmacht. Diese sind damit verpflichtet, eine gegenseitig ausgewogene Konzeption zu erarbeiten.

3. Das ausschließlich defensiv angelegte, und wirksam werdende Bündnissystem schützt und bindet zugleich ihre Mitgliedstaaten, die z.B. auf Polen und die Tschechische Republik ausgeweitet wird. Dadurch werden östliche Nachbarn nicht bedroht.

4. Es ist daran zu erinnern, daß die ersten Opfer der expansiven militärischen Aggression im Zweiten Weltkrieg (1939-1945) die vormalige Tschechoslowakei und Polen waren. Seinerzeit waren die beiden Staaten scheinbar durch zweiseitige Abkommen geschützt. Aber im Falle der Tschechoslowakei gaben die beiden westlichen Demokratien (Großbritannien, Frankreich) in München den tödlichen Forderungen der Naziregierung im Interesse des "appeasement" nach. Im Falle Polen fiel ihnen die Sowjetunion durch den Ribbentrop-Molotow-Pakt in den Rücken. Einem künftig ähnlichen Schicksal soll durch das Einbinden dieser beiden Staaten vorgebeugt werden.

5. Die Osterweiterung der NATO sollte von vornherein durch einen Nichtangriffspakt mit den östli-

chen Nachbarn Ukraine, Belo-Rußland, Rußland ergänzt und verknüpft werden. I. Fetscher nimmt an, daß von Seiten der NATO nichts im Wege stünde, wenn die drei genannten Staaten ihrerseits ein defensives Bündnis abschlössen.

6. Abschließend meint I.F.: "Im Interesse der Festigung des Friedens könnten und sollten zwischen der NATO und den östlichen Nachbarn Vereinbarungen über Abrüstung, eventuell auch entmilitarisierte Zonen usw. getroffen werden. Der Primat der Politik gegenüber rein militärischen Gesichtspunkten sollte generell gewahrt werden. Die Bündelung und Bindung souveräner Staaten in rein defensiven Bündnissen hat gegenüber dem gern dazu in Gegensatz gestellten "System der kollektiven Sicherheit" erhebliche Vorteile. Sie ist 'berechenbar', transparent und verläßlich. Namentlich die Kombination von gemeinsamem Schutz und Bindung der Einzelnen an das Ganze hat für die Nachbarn große Vorteile. Die Gefahr, daß z.B. eine abenteuerlustige Regierung die augenblickliche Schwäche ihres Nachbarn als "Chance" für eine Eroberung nützen könnte, wird auf diese Weise zumindest erheblich verringert."

Hier fragt sich Colonius: Könnte der Primat der Politik doch unbedingt bedeuten und fordern, daß gezielt organisatorische Um-Formierungen vorzunehmen sind, um tragfähige FRIEDE-Bündnisse abschließen zu können. Es kann nicht sein, daß so lange bei (undurchsichtig, gar unverantwortlich träge verlaufender) Politik abgewartet werden muß, bis ein sogenannter Defensiv-Fall eintritt (Glücklicherweise will US-Präsident Bill J. Clinton; s. Marquis 1997, 1998; daß sich die Bosnien-Katastrophe nicht wiederholt!). Das ist zu wenig - besonders für die Verantwortlichen in Europa. Bei einer solch eintretenden Situation ist oft eine Entwicklung meist schon so unglücklich weit gediehen, daß diese kaum noch umzukehren ist.

Aleksandr P. Koudriavtsev skizziert: Rußland zwischen West und Ost. Der Architektur-Professor, der als stattlicher Herr eine freundliche, vertrauenerweckende Erscheinung, ein guter Mensch ist, wirbt bei den "cultural workers in the West" um Verständnis für sein Land, und besonders für das Bewältigen der auftretenden Herausforderungen, die nun besonders nach dem Fall des Eisernen Vorhanges und der Berliner Mauer aufgetreten sind. In dieser Situation benötigt Rußland vor allem ethisch moralische Hilfe, um entscheidend demokratische Werte, Menschenrechte, Dialoge systemisch planvoll etablieren zu können. Dabei ist FRIEDE in Rußland ein fundamentaler Faktor für FRIEDE in der Welt. Rußland ist ein Schnittpunkt von verschiedenen Einflüssen. ... Einer Politik der Kultur wird eine förderliche Verbindung von (planerisch systemischem) Denken und Humanisierung zwischen West und Ost zugetraut und erhofft.

P.C. Colonius möchte all dies und vieles andere berichten, und deutlich herausarbeiten; aber das ist im vorgegebenen Rahmen nur ungenügend möglich, wie beispielsweise hinsichtlich des Vortrages von dem Schriftsteller und Slawisten Arnaldo Alberti. Der ist bemüht, sich den Eurasischen Sprachen hinsichtlich von deren verschiedenen etymologisch bestimmten Konzepten von Krieg und Frieden zu nähern. Jemand meinte: Was soll das? Aber P.C. Colonius weiß, wie aufklärend und hilfreich es ist, wenn ein Mensch versucht, sprachliche Wurzeln aufzuspüren. Dabei scheint es, als ob in diesen Ur-Vorstellungen 'Träume' der

Menschheit von FRIEDE eingebunden sind. ...
Einige Zeit wußte P.C. nicht, wer eigentlich A.
Alberti ist. Dessen Familienname fasziniert ihn. Es
könnte eine mögliche familiengeschichtliche Verbindung zu Leon Battista Alberti 1404-1472, einem frühen Humanisten, Künstler und Gelehrten
(Brockhaus Enz. 1, 1986 S. 317f) vermutet werden. Wichtig ist eine humanistische Verbindung -
und die ist gegeben! Indirekt erhöht sich das Interesse an dieser originellen Persönlichkeit als der
Bus einmal seinetwegen am Polytechnikum warten
mußte. Ein Menschlein war ungehalten. Dr. Bruno
Zambianchi, Rom, u.a. ... wunderten, schüttelten,
schämten sich ... Unerwartet saß aber später P.C.
Colonius am Sonntag, dem 1. März 1998, im Bus
neben A. Alberti; sie fuhren vom Restaurant
Schloß Piossasco (westlich von Turin) zum Besuch
des Dorfes Vigone et Stupinigi. Dr. Alberti erwies
sich während der Fahrt als ein bewundernswert
faszinierender Gesprächspartner. Durch ihn wurde
P.C.C. deutlich, was eigentlich die biblische Botschaft bedeutet: Liebe den Hauch, den geistig-
geistlichen Atem (in seiner Menschlichkeit) deines
Nächsten.

Nach diesem 'anstoß'-gebenden Erleben ...
gingen I. Fetscher, E. Pavlik und P.C. Colonius in
ein chinesisches Restaurant. Das Essen, das Be-
Gegnen war köstlich *** Ja - HImmel, FRIEDE
haben auch Ursprung beim Essen. *** Danach gab
es ein innerlich bewegendes Konzert von dem
hoch-rangigen Flöten-Virtuosen, Professor Oleg
Koudriachov aus Kiew mit der Cembalistin Svet-
lana Chabaltina (S.E.C.-Mitglieder) im Teatro Regio
di Torino, Piccolo Regio. E. Pavlik und P.C. liefen
per pedes -trotz örtlicher Irritationen von P.C.C.-

zum Veranstaltungsort. Der Schmerz im linken Fuß war ätzend. Dennoch - das Konzert schenkte Kultur, ein Auf-gelockert-sein von Humus, von heiter verpflichtend ahnungsvollem Schauen von 'Himmel auf Erden'. Das Musische entfaltete sich im Hier und Jetzt, im Schon, in der Schönheit ... in Facetten von Leben, und damit ein Schauen von Menschen ..., die im Kontext mit eigenem Leben, mit der hochkomplexen, sich ständig schöpfenden Wirklichkeit stehen. ... Musik läßt Hauch von Leben, Lieben, von möglichem Einswerden mit dem hohen EInen in Vielfalt spüren. Musik ermuntert zum kultiviert-distanzierten An-Bandeln ..., zur Freundschaft ...

Am Freitag, dem 28. Februar 1998, sprach Adam Schaff bei der dritten Sitzung über "Chomage structural et éducation permanente", also über: Strukturelle Arbeitslosigkeit und ständige Erziehung. Der zentral wichtige Beitrag müßte eigentlich differenziert wiedergegeben werden. Das ist nicht möglich. Nur soviel kann angedeutet werden: Die Gesellschaft muß sich ändern und damit auch die Menschen in ihrem Fühlen, Denken, Planen mit Konzipieren, Bewerten (G.S. 1994) und Handeln: Es gilt, einen -wenn auch reibungsvoll mühselig arbeitsreichen- Weg zu finden, um von einem ... Menschenaffen durch herzhaft nachsinnendes Werken, Wirken, ... durch Arbeiten Friedrich Engels, einem homo faber, einem homo studiosus, letztlich zu einem homo ludens, homo dialogus, einem homo universalis, einem endlich im Kosmos aufscheinenden homo sapiens sapiens humanum culturalis ... gelangen zu können.

Angel Sanchez de la Torre, ein bescheidener Gentleman aus Madrid, referierte über Terrorismus im Kontext mit Demokratie, Krieg oder Kriminalität. Das geschieht vor dem Hintergrund der inhumanen Aktionen der ETA, um durch Gewalt das Baskenland von Spanien zu separieren. Darunter leiden unendlich Menschen im Baskenland, in Spanien. Auch hier wird ein Distinguo, ein Unterscheiden von gewordenen, gegebenen Komplexen erforderlich sein.

Es folgt der Beitrag von Leopoldo Zea (s. auch L.Z. 1997): "La paz sobre la amenaza de la guerra suica". - Aus heiterem Herzen und mit wachen, erhellten Sinnen ist der FRIEDE, das hohe unbegreiflich GUte in all seiner Differenziertheit, Unterschiedlichkeit zu lieben, zu schätzen, zu schützen, zu bewahren - und nicht den Krieg, den Suizid, den Tod +++ *****

Nach dem Mittagstisch wurde die außerordentliche Generalversammlung abgehalten. Die S.E.C.-Statuten sind bei engagierter Diskussion novelliert worden (nach den Statuts von 1996).

Danach sprachen bei der vierten Sitzung der blinde Professor Slobodan Vitanovic, der sein Augenlicht bei Luftangriffen im II. Weltkrieg auf Belgrad (1941) ... verlor. Er wird gestützt von seiner anziehenden und stets hilfsbereiten Frau, Freya, einer Guten, 'Göttin' ...; sie ist liebevoll aufopfernd um ihn bemüht. (Kürzlich träumte Colonius unerklärlich von diesen Menschen. ...). Es sprachen noch: Istvan Csicsery-Ronay, Budapest, Oleg Koudriachov, Kiew; Manuela Cernat, Bukarest, Rumämien. Professorin Cernat war Colonius schon in Padua 1991 begegnet; dort besuchten sie gemeinsam u.a. den Dom von Padua mit Kreuzgang, dem Grab des Heiligen Antonius. ... Aber auch mit anderen Menschen des S.E.C. Fresken von Giotto. ...

Abends gab es einen Empfang bei Martini & Rossi mit Weinbau-Museum in Pessione. Am Tisch saßen u.a. zusammen: Ravil Bukharaev, einem Tartaren, der als Korrespondent bei BBC-WORLD, Russian Service, in London arbeitet, Schriftsteller und Herausgeber Istvan Csicsery-Ronay, eine faszinierend bescheiden hohe, vornehme Persönlichkeit; Gabor Zsille, ungarischer P.E.N.-Generalsekrtär; PhDr JUDr Jaroslaw Stribrny, Prag. ...

Die Schriftstellerin M. Aleckovic bemerkte nach Tisch: Die Räume erscheinen herzlos, kalt. ... Dagegen war Professor Slobodan Grubacic von dem Interieur in den Gästeräumen angetan; er bat P.C.C., ihn in der großbürgerlichen Umgebung zu photographieren - für seine Enkel. - Aber das Museum im Untergeschoß verdeutlichte, das vor dem Abendmahl besucht wurde, durch einige mit Herz und Verstand verzierte Ausstellungsstücke: Weinbau, Weinernte ist von den Menschen wie ein Dienst am geliebt unfaßlichen GUten empfunden worden. Das zeigte sich auch, als Colonius Matteo Campagnolo mit Gegenständen photographierte. ... Das scheint heutzutage durch geistlos überspitzten Funktionalismus, Neopositivismus zutiefst verschüttet zu sein. ...

Das gemeinsame Mahl wirkt wie ein Fördern, ein Wachsenlassen von guten Bindungen zwischen Menschen, und deren gegenseitige Relation wird bestimmt von dem Willen zu einer Politik der Kultur, einem Willen für Gestaltung, POIESIS von und für Menschen zu einer Politik der Kultur durch FRIEDE (G. Stahl 1994). ***

Abschlußveranstaltung in der
Accademia delle Scienze

Am Sonnabend, dem 1. März 1998, fand die Abschlußveranstaltung in der beeindruckend renaissancehaft barock gestalteten Bibliothek der Accademia delle Scienze, Via Accademia delle Scienze 6, statt. Der Geist der Bibliothek läßt inne-halten, nach-denken, er-innern. *** Dort sprachen: Vittorio Dan Segre: Der (blockierte) Friede im Mittleren Orient; Henri Bartoli von der Sorbonne in Paris mit beeindruckender auctoritas und humanem Habitus über die Komplexität von FRIEDE, und J. Robert Nelson, ein dezidierter Christ, über: Konsolidieren von FRIEDE - eine ökumenische Aufgabe.

Ein Höhepunkt der Veranstaltung war, daß die beiden besonders im Rahmen der S.E.C. engagierten Herren, Henri Bartoli und Leopoldo Zea zu Vizepräsidenten der S.E.C. berufen worden sind. Das wurde gekrönt durch Guitarren-Musik (Fabio Rizza) mit Gesang von der Sopranistin Margaret Butler Lloyd. Gespielt wurde Musik von Franz Schubert (Lichtenthal bei Wien 1797- Wien 1828) zu Gedichten von Franz von Schober, Ludwig Uhland, Johann Wolfgang von Goethe, und Guitarren-Lieder von Fernando Sor (Barcelona 1778--Paris 1839) zu "Seis Seguidillas Boleras" (um 1800). - Die Vorträge, die Würdigungen, die Musik erheben Herz und Sinn, sie lassen Wege gehen, auch wenn furchtbare Abgründe drohen. Das verpflichtet Menschen. Es darf nicht sein, daß meist mit lucid verführerischer Raffinesse versucht wird, auf banale und triviale Weise angeblich 'wichtige' Belanglosigkeiten, Marginalien herauszustellen, um dadurch massiven Verengungen der uralt menschlichen, der hochantik hebräischen Forderung nach Freiheit aus Gerechtigkeit auszuweichen. Wenn solch raffinierte Verkürzungen zum Programm von Politik gemacht werden (Leopoldo Zea), kann das nicht zum Gelingen, zum Glück, zu FRIEDE führen. Menschen sind fragwürdige 'Künstler' beim Bauen und Bewahren von falschen Paradiesen - auch wenn es über unübersehbare Schlachtfelder, Weltkriege ... geht.

Nach der Schlußfeier fuhr ein Bus die Gäste -um ein barockes Habsburger Schloß- zum Château Piossasco, westlich von Orbassano, zum Mittagsmahl. Von diesem Ereignis wäre manches zu erzählen - auch Merkwürdigkeiten, die dem P.C.C. widerfuhren. Beispielsweise wollte er seinen Fuß beim Bergsteigen schonen, und daher lud man ihn zu einer Autofahrt ein. Aber auf halber Strecke mußte er wegen eines noch schlechter zu Fuß seienden Menschen aussteigen - aber wider Erwarten konnte Colonius mit freundlichen jungen Damen bei herzhaftem Sprechen, Lachen hochhumpeln. Das dejeuner war ein Erlebnis. Auch hier gab es eine Verquerung: Philipp C.C. saß gelockert wiederum mal an einem Tisch mit Istvan Csicsery-Ronay, Gabor Zsille (wie einem etwas geahnten Puschkin) ... Aber auf einmal hieß es: Colonius, Sie müssen an einem anderen Tisch Platz nehmen. Der Oberbürgermeister von Turin kommt. Der wurde dann flankiert von den Tischdamen: der Philologin Cosima Campagnolo, der Tochter von M. Campagnolo-Bouvier, und von der attraktiv schlanken Professorin Manuela Cernat, einer Historikerin und Film-Kritikerin. Der Tischwechsel erwies sich bald als ein unerwartet glücklicher Umstand. P.C.C. saß nun mit Serbo-Jugo-slawen aus Belgrad zusammen: der Schriftstellerin Mira Aleckovic; dem Philosophen Slobodan Grubacic, dessen Mama eine Tirolerin ist; Dragoljub Dragan Nedeljkovic (Karl Sonntag), Mitglied der Europäischen Akademie der Wissenschaften, Kunst und Literatur; Professor Popic; Dr. Swetlana Stipjevic, Mitarbeiterin der Stiftung der Demokratischen Partei von Dr. Zoran Dcincic in Belgrad, einem vormaligen Jürgen Habermas-Schüler an der Johann-Wolfgang-Goethe-Universität zu Frank-urt am Main. Es entfaltete sich ein lebhaft sprühendes Gespräch.

Mira Aleckovic erzählte wiederholt von einer Gruppen-Reise in die Bundesrepublik als junge Schriftstellerin. Die jugoslawischen Schriftsteller waren seinerzeit Gäste der Bundesrepublik Deutschland, und wurden von Bundesminister Ernst Lemmer (Brockhaus-Enz. 13, 1990, S. 259f), Annemarie Renger (Wer? 1996/97, S. 1153) ... empfangen. Eines Tages wunderten sich die Gastgeber, warum die Gäste nicht essen wollten: Sie vermißten das im Mediterranen so übliche Brot. Umgehend wurde Brot gekauft. ...

Nach dem Mittagstisch fuhr der Bus weiter zum Besuch von Vigone et Stupinigi. ... Nun merkte Colonius, daß er in eine Zeit-Falle gerät. ... Allmählich wurde es für ihn zeitlich eng. Trotz alledem - es gab einen Engel ... Lucia (da Polognia) ..., eine äußerst hilfreiche junge Dame von der S.E.C. (mit Schwester). Diesen beiden jungen Damen war Colonius zuvor auf dem Fußweg zum Castell begegnet. Welch ein Zufall? ... Lucia telefonierte (mit Ernst Pavliks herzhafter Hilfe) mit einem Handy vom Bus aus mit dem Hotel Astoria.

... Zeitlich knapp kam der Bus am Bahnhof Porta Nuova an. Die Russen fuhren mit dem Zug weiter nach Neapel. Jeanne Bareau, von der sich P.C.C. herzlich verabschiedet hatte, fuhr weiter nach Venedig ... und von vielen anderen Menschen - wie auch von Dr. Pavlik. ... Es gab nun ein Hin- und Her-Rennen, damit P.C. Colonius den Koffer, den er morgens eigentlich in den Bus hätte mitnehmen sollen, nun endlich ausgehändigt bekam. ... Es war ein belastendes Hetzen, Humpeln ... hinter Lucia mit Koffer her. Die Hose rutschte ... ein unglaubliches Bild für die HImmel. ... Aber - dem Fatum sei Dank: Colonius erreichte mit letzter Kraft den Zug nach Mailand. ... Der Fuß schmerzte unsäglich ... Er konnte sich gerade noch bei Lucia herzlich bedanken ...

Der Zug fuhr und fuhr. ... Mailand. ... Mit weiter aufbrechendem elendem Schmerz humpelte Colonius zum Nachtzug nach Wiesbaden ... Im Schlaf-Coupée, konnte er (allein) nach einiger Zeit beim Singen, Pfeifen der Schienen-Geräusche einschlafen ... und als er aufwachte, fuhr er durch deutsche Lande ... Colonius kam in Wiesbaden an. ... Es wurde von der ÖTV gestreikt. ... Ein Taxi brachte ihn auf den Freudenberg. Es dauerte einige Tage, bis sich P.C. Colonius erholen konnte - aufgrund von Spritzen, Tabletten von Dr. Sonja Krause (aus Belgrad) in Wiessbaden-Dotzheim, denn Dr.med. Jutting S. war verreist. ...

Schlußbemerkung

Die Internationale Generalsekretärin, Dr. Michelle Campagnolo-Bouvier, ist ein bewundernswert reger Mensch mit unermüdlich zuversichtlichem Engagement. Die HImmel sind ihrer nahezu unbeirrbar immenhaften Regsamkeit nahe. Kurz nach der S.E.C.-Veranstaltung schaffte sie es, den abschließend redigierten "Texte final de la XXIIIe Assemblée génerale ordinaire" an die Tagungsteilnehmer zu übersenden. Das "Document de Turin" läßt erkennen, wie wichtig es ist, daß viele Menschen über Menschwerdung, über Krieg und Friede ... aus allgemein unermüdlichem Arbeiten, Wirken zu Freiheit in Gerechtigkeit für Europa und schließlich für die Eine Welt nachdenken, herzhaft besonnen handeln.

Die Bemühung der S.E.C. ist mit ihren unterschiedlichen Persönlichkeiten eine Einladung an alle Menschen, auf entschiedene Weise darüber nachzudenken, um letztlich auch im Alltag Schritt für Schritt FRIEDE, SHALOM ... zu schaffen. SHALOM ist -wenn auch noch so bruchstückhaft und bei noch so unerwartet unübersehbaren Abgründen- von jedem Menschen mit vollem Herzen für das inniglich gelobte und von Herzen Geliebte GUte -in Menschen, Geschöpfen, Dingen- zu versuchen; jeder ist ein Künstler, ein Essayist (vgl. F. Richter 1995), ein Dilettant, also wie einer, der sich freuen kann. Und wichtig ist, daß sich Menschen aufraffen, um Dialogpartner, 'Motoren', Anreger, Animateure, fürsorgliche Wege-Begleiter für unzählig andere Menschen in der Mit- und Nachwelt zu sein. ... Das geschieht aus "Ungewißheit und Wagnis" (Peter Wust, Brockhaus-Enz. 20, WI 1974, S. 519, vermittelt von der dezidierten Katholikin, Ärztin Maria Dorer aus Marburg an der Lahn - an der THD/TUD), aus Faszination von Mensch-, Geschöpfwerden trotz tausendfacher Ungewißhei-

ten, ungewissem Schauen, Erinnern - für alle Geschöpfe, Menschen. ***

Ausblick

Nun steht überraschend eine Reise nach Ve-
nedig bevor. Die Internationale Generalsekretärin,
Michelle Campagnolo-Bouvier[4], hatte um Teilnah-
me gebeten: Am Samstag, dem 20. Juni 1998 wird
Alt-Bundespräsident Richard von Weizsäcker als
Laureat auf der Insel San Giorgio Maggiore mit der
Kirche San Giorgio Maggiore von Andrea Palladio
(1565-1580), in der Renaissance-Anlage mit In-
nenhäfen, Stiftung, Fondazione Giorgio Cini, einem
Comte (N. Cenni 1990, S. 139), ab 10 Uhr, geehrt.
Dazu gibt es ein Gespräch am Runden Tisch.
Anschließend werden die neuen Räumlichkeiten
(mit Archiv) der Europäischen Kulturgesellschaft
(S.E.C.) feierlich ihrer Bestimmung übergeben. ***
Philipp C. Colonius wird wieder mit innerer Spannung eine Reise antreten, um -so hofft er bei aller
gebotenen Bescheidenheit- vielleicht kaum merk-
lich, einen Hauch *** zur Förderung von FRIEDE,
SHALOM, SALAM ... durch Politik der Kultur
beitragen zu können (wie auch bei FBB-POIESIS
...). Darauf will Colonius versuchen, sich konzen-
trieren, damit schließlich er von Boten der Gäste
(O.W. Fischer), die Menschen von Engeln der dia-
logischen Freundschaft getragen werden - trotz
vielfältiger ungut schlimmer, widerborstiger Erfahrungen. .... Züge -gar verschiedener Art- sollen zu
gut fruchtbarem Be-Gegnen, Handeln fahren. ***

Literaturhinweise (mit tw.Anmerkungen):

Ivan Bentchev, Dorota Leszczynska, Michaela Marek, Reinhold Vetter 1989/1994: Polen. Geschichte, Kunst u. Landschaft einer alten europäischen Kulturnation. Mit einer hist. Einleitung v. Manfred Alexander; DuMont Buchverlag Köln, 4. Auflage

Eugen Caspary, Wolfgang Schoppet+, Red.: Wilinaburgia, Gymnas. Philippinim, Weilburg a.d.Lahn

Henri Bergson 1993: Denken u.schöpf. Werden, eva Europ.Verlagsanst., Hamburg.Frankf.a.M. 1985

Aglaja Beyes-Corleis 1998: Bei den Freudenberger Begegnungen, in: Inka Bohl, Hrsg.: Der Literat, Fachzeitschrift f.Literatur u. Kunst (mit eosinroten Heft-Einbänden), Bad Soden im Ts., 40. Jg., H. 5, S.10, 23. - Bericht üb.FBB, u.□b. 194. FBB am 3.12.1997 m. Schriftstellerin Tonia Damm vs, GEDOK, WI. abc ist S.E.C.-Mitglied (s. Kürschners Literat.-Kalender 1998, 61. Ausg., Leipzig).

Norberto Bobbio 1997: Rückblick auf das Wirken von Umberto Campagnolo, in: BläFBB 5, S. 72ff

Inka Bohl 1998: Europa fliegt! [= Arbeitstitel; Beitrag über S.E.C.; m.u.a. Bericht über allg.Generalversammlung in Turin 1998 (vorl.), in: I. Bohl, Hrsg.: Der Literat, Fachzeitschrift f. Literatur u.Kunst, Bad Soden im Taunus, etwa im Aug.-Heft, 1998 ... - 195. FBB 4.2.1998 mit Inka Bohl M.A.: 40. Jg. (begr. v. Theodor Tauchel in Ffm). - DER LITERAT wird in 44 Länder der Erde verteilt. Inka Bohl M.A. (* Perleberg b. Wittenberge 1.10.1943), Hohlweg 27, D 65812 Bad Soden am Ts., ist S.E.C.-Kandidatin.

Brockhaus Enzyklopädie in 24 Bd. 1, Mannheim 1986 ...

Umberto Campagnolo 1997: Kl.Wörterbuch für eine Politik d.Kultur, in: BläFBB 5, S. 65ff

M. Campagnolo-Bouvier 3/1998: Aux membres de la Société, Venice (nicht veröff. Rundschreiben)

Nino Cenni 1990: Kunst u.Geschichte v.Venedig (dt.Ausg.), Edit.Bonechi, Neue Reihe; Florenz

Tonia Damm 1995: Lichtspur im Nebel. Gedichte. Ed.L, Inge+Theo Czernik BDW, 68766 Hockenheim

T. Damm 1997: Erwartungsland. Gedichte . Erzählungen . Aphorismen. Arnim Otto Verlag, Offenbach am Main (s. erg. zu T.D.: H. Wallenfels 1998). Zu T.D., s. S. Liersch 1991, Kürschners LiteraturKalender, 60. Ed., Berlin 1988; 61. Ed., Leipzig 1998 (i.V.)

T. Damm 1998: Die Farben d. Hölle u. später Glanz. Anja Lundholm z. 80. Geb., in: Inka Bohl 1998, Hrsg.: Der Literat, April 4/1998, S. 14ff (Derzeit entstehen Wiss. Arbeiten, Diss. üb. A. Lundholm.)

Iring Fetscher 1997: Die Ehre der Demokraten, in: BläFBB 5, S. 178-190

Giuseppe Galasso 1997: Politik der Kultur - eine neue Zukunft? in: BläFBB 5. S. 69ff

Walther Killy, Hrsg. 1990: Literatur Lexikon. Autoren u. Werke dt. Sprache, 15 Bd., Gütersloh, München

Siggi Liersch, Red., 1993: HB hess. Autoren (m. Vorw. v. MP Hans Eichel; Hadayatullah Hübsch, Vors. VS He.), dipa Verlag, Frankfurt a.M.

Dr. Manns 1998: Rez. zu: Thomas Macho: Über den Sinn d. Reisens, Humboldt-Univ. Berlin, in: SVT Straßenverkehrstechnik, Bonn, H. 11, 1997, S. 564ff

Marquis Who's Who in the World, 14th Edition, 121 Chanlon Road, New Providence, NJ New Jersey, USA

Luca Mozzati 1996: Torino. Guide Artistiche Electa, Milano

Franz Richter 1995: Der Essayist, in: Leonid L. Wilczek, Hrsg. 1996: Einzelgänger in den Masssenmedien: Roman Rocek. Leben - Analyse - Werke, Edition Triglav, Wien, S. 44-66 (Zu Prof. Dr. F. Richter, vorm. österreich. P.E.N. Generalsekretär, s. Wer ist Wer? 1997/98).

Michal Rusinek (Eugeniusz Kabatc), Red. 1995: Polski SEC. Centre Polonais de la Société Européenne de Culture 1991-1995. Wydawnictwo Polskiego SEC, Stowarzyszenie Kultury Europejskiej, Warszawa, Warschau

IBP Intercontinental Book Publishing, M. Wockel: Who's Who in Germany, Berlin, Montr„al (Buch wird jährlich publiziert!)

Arnim OTTO 1997: Juden im Frankfurter Osten 1796-1945. A. Otto Verlag, OF. (198. FBB am 20.5.1998 mit Schriftsteller A. Otto. Rez. u.a. von: Johann Zilien, in: Nass. Annalen 1998, S. 491f. Zu dieser Besprechung ist fragend anzumerken: Kann ein Wissenschaftsbegriff genügen, wenn nicht einem prozeßartigen Verändern in der Geschichte nachgespürt wird? Müßte nicht auch zur Wissenschaft gehören, daß 'erkaltete Herzen' zur mitfühlenden Nachdenklichkeit ... -trotz aller Bruchstückhaftigkeit- angestoßen werden?; s. auch: G. Stahl 1997a)

Ahron Schönweiß 1996: Josuas Traum. Jüdische Geschichten, Arnim OTTO Verlag, Offenbach am Main (Zu A.O. s. IBP M. Wockel)

S.E.C. Société Européenne de Culture 1996: STATUTS de la S.E.C. suivis d'autres documents officiels et de notes, Venice, XIIIe ,dition. In Tasche: "Liste des organes Documents officiels approuvés aprés le 1er octobre 1995". - Begründer: Umberto Campagnolo (s. G.S. Hg., BläFBB 5/1997, S. 65-68, ..., 875f); Ehrenpräs.: Norberto Bobbio (G.S. Hg., BläFBB 5, 72f, 874f); Präs. Vincenzo Cappelletti, Rom; 1. Vizepräs. Arrigo Levi, "La Stampa", Turin; Vizepräs.: Henri Bartoli (Sorbonne; seit Febr./M„rz 1998; H.B., 20 ruettes orchidées, F 75013 Paris), Iring Fetscher (s. Brockhaus-Enzyklopädie; Wer ist Wer? Essen; Bl„FBB 5, 178-190: Ehre d. Demokraten); J. Robert Nelson, The Institut of Religion, Texas Medical Center, 1111 Hermann Drive 19A, Houston/Texas 77004, USA; Alexandre Koudriavtsev,

Moskau; Michal Rusinek (M.R. 1995); Leopoldo Zea, Mexiko (s. Febr./März 1998; BläFBB 5, 91-97, 404-407, 882)

Günter Stahl, Hrsg.: BläFBB Blätter um die Freudenberger Begegnung, WI 1(1987), 2(1989), 3(1991), 4(1992); Arnim OTTO Verlag. OF, 5(1997); 6(1999; in Vorb. - wg. 20 Jahre FBB - mit u.a. Beiträgen von S.E.C.-Mitgliedern) ... - Arnim.A.S. Otto ist S.E.C.-Mitglied; s. IBP/M. Wockel

G. Stahl 1994: Die Konzeptionsphase bei d. methodischen Gestaltung von Verkehrsnetzen, Diss., Univ. Gh Kassel (Helmut Holzapfel), TUD Darmstadt (Walter Durth); Europ. Verlag der Wiss. Peter Lang, Frankfurt am Main, Berlin, Bern, New York, Paris, Wien

G. Stahl 1996: Gemeins. Leben in Vernetzungen. Mosaikartige Annäherungen an Geschichte u. Lebensbilder v. Menschen in Umfeldern u. raum-zeitl. Bereichen v. Wilhelm u. Erna Stahl [* Diehl] zu Villmar-Aumenau a.d. Lahn. Eine Hommage anl. d. Diamant. Hochzeit am 28. Mai 1993 (1933); Arnim OTTO Verlag, Offenbach am Main

G. Stahl 1996a: Verlorene Blätter für Shalom, Arnim OTTO Verlag, Offenbach am Main

G. Stahl 1997: VORWORT, in: Kirsten Kötter 1997: Ortrud Heuser-Hickler, eine Bildhauerin; Bewegung in Harmonie; Niedernhausen-Niederjossbach im Taunus, S. 4-7

G. Stahl 1997a: Bäume - fast ein Gleichnis z.Emanzipation v. Menschen [.]. Juden im Frankfurt. Osten 1776-1945 (mit einer Baum-Graphik von Felix Hammesfahr gen. Hamsvaar, Lessingstr., WI; s. H☐bners Blaues Who is Who, CH Zug, Schweiz, 3 Bd., 1996), in: G.S., Hg.1997: Wort u. Bild. Kreative Anthologie. Arnim Otto Verlag, OF, S. 256-266

Heidelore Wallenfels 1998: Bis Wort u. Melodie stimmen. T. Damm [.], in WI Kurier 24.4.1998

Wer ist Wer? Das Deutsche Who's Who. Begr.v. Walter Habel (vorm. Degeners Wer ist's? - Seit 1905). (Red. Karin Di Felice; Buch wird jährlich publiziert!)

Leopoldo Zea 1997: Am Ende des 20. Jahrhunderts: Ein verlorenes Jahrhundert?, CRM, Internat. Zeitschrift für Philosophie, Band 21; Verlag d. Augustinus-Buchhandlung, Aachen (Zu L-Z. s. Marquis 1997, S. 1621). - L. Zea ist der Direktor d. "Cuardernos Americanos, Nueva Üpoca", begr. v. Jesus Silva Herzog; Editora: Liliana Weinberg; Redacción: Hernn G.H. Taboada. Comit, Tunico: L. Zea et al.; Consejo Internacional: ... Tzwi Medin, Israel; ...; Magnus Märner, Suecia, ...; Guadalupe Ruiz-Giménez; Espania; Hanns Albert Steger, Alamania (s. Wer? 1992/93, S. 1330). ... Redacción y administración: Torre I de Humanidades, 2o piso, Ciudad Universitaria, 04510 Méxixco, D.F. - D. Band 53, Sept./Okt. 1995, Ano IX, Vol. 5, enthält u.a. Beiträge von: Michelle Campagnolo-Bouvier, Vincenzo Cappelletti, Norberto Bobbio, Henri Bartoli, Pierre du Bois (Schweiz;

S.E.C. Conseil exécutif), Iring Fetscher, Aleksander P. Kudriavtsev, Arrogo Levi, J. Robert Nelson, Leopoldo Zea.

*) S.E.C. Société, Européenne de Culture (Int. GSekr. Michelle Campagnolo-Bouvier), Giudecca 54 P, I 30133 Venedig. XXIII. Generalversammlung in Turin, Piemont, vom 27.2. bis 1.3.1998: "Une paix qui n'ait pas pour alternative la guerre: le cas de l'Europe" (...)

1) Aus Achtung und Respekt vor der Vergangenheit wird Johann Philipp Conrad Colonius, Hofrat d. Grafschaft Wied-Runkel, in d. Gegenwart 'versetzt'. Als literarische Figur m. deren 'klingenden' Namen, Widerhall in d.Gegenwart soll durch den 'umwegig verschleierten' Blick versucht werden, Gegenwart zu schauen. Wichtig ist also ein Bemühen um hochkomplexes Zusammenschauen v. Vergangenheit, Gegenwart und Zukunft. Der obige Bericht soll etwas von einem 'Epitaphen' an sich haben, der an den 'unglücklich unseriösen' Menschen J.P.C. Colonius erinnert und zugleich gemahnt! - Wie Archivdirektor i.R. Dr. Hellmuth Gensicke mitteilte, war Kirchspielschultheiß Joh. Henrich Stahl (* Seelbach, Oberlahn 1717 - + nach 1785; s. G. Stahl 1996, S. 70ff) am 9.6.1777 (60-jährig) Zeuge beim RKG Reichskammergericht zu Wetzlar beim Prozeß d.Grafschaft Wied-Runkel m.Hofrat Colonius (Hess.HStArchiv WI: RKG WZ, Abt.1, 205, hinter Bl.1056, s.auch Abt. 1, 202-211). Er war der Sohn d. Badearztes Colonius zu Bad Schwalbach. J.Ph. Conrad Colonius war I.oo m.einer To.v. Joh. Ludwig Duill (+1749), der v. 1730 b. 1735 Reg. u. Consistorialrath d. Grafschaft Wied-Runkel war. Frau Colonius war die Enkelin von Joh. Gottfried Duill (* 1658 + nach 1727), die Urenkelin von Pfr. Joh. Adam Duill zu Seelbach (s. G.S. 1996, S. 82f). Eine To. von J. Adam Duill, Anna Catharina * Duill (+ 1675) heiratete den Schultheißen Johann Henrich Har(d)t (1642-1716) zu Runkel an der Lahn. Eine v. deren Töchter war copuliert m. dem o.g. Schultheißen Johann Henrich Stahl zu Seelbach.

Zum 2. Male ehelichte J.P.C. Colonius im Hanauischen. Ein Sohn von ihm war Pfr. in Hohensolms, ein anderer wanderte nach Amerika aus, u. eine seiner Töchter hatte es b. einer Pflegefamilie schlecht getroffen. In Seelbach gibt es noch d. Colonius-Hof - m. Barock-Tür-Einfassung im Haus-Innern (s. Falko Lehmann 1994: Kulturdenkmäler in Hessen. LKrs. LM-WEL, hg. v. LA f.Denkmalpflege, WI, Bd. 2, S. 672). - Die Familie Duill hatte ztw. Geld an d. Grafen v. Wied-Runkel geliehen. Hofrat Colonius wurde aber als "Gläubiger" aus den Diensten der Grafschaft W.-R. entlassen. Zudem hatte der Hofrat Colonius einen zu aufwendigen Lebensstil. Das führte zum Banquerott - und damit zum o.g. Prozeß. - Diese biograph. Vernetzungen läßt etwas von Krieg und FRIEDE im persönlich historischen Umkreis ahnen.

2) P. Lapide+ (Brockhaus-Enzyklopädie; Munzinger-Archiv, Ravensburg; BläFBB) oo Ruth Lapid-Rosenblatt, Karl-Stieler-Str. 1, Frankf. a.M., T. 069/56 39 34, spricht z.B. z. Pfingstfest im Bayer. Fernsehen am 31.5.1998, nach d.freundl.telef. Mitt. am 30.5.1998; sie wünscht eine gesegnetes Pfingstfest! - Voraussichtl. FBB(Poiesis) m. Dipl.-Theol.' Ruth Lapid-R. am Mittwoch, dem 4.8.1999

3) Mattheo Campagnolo (Historiker, Numismatiker): "La guerre hors l'histoire" - raisons du thŜme.

4) Michelle Campagnolo-Bouvier, hatte eindringlich um Teilnahme gebeten: Faxe vom 29. Mai 1998

Autorenspiegel

THOMAS ALBERT

Geboren 1949 in Wiesbaden; 1968 Abitur, anschließend Bundeswehr (Luftwaffe) und eine Apothekerlehre. 1970 begann der Autor sein Studium an der Universität Frankfurt am Main mit den Disziplinen Latein, Russisch und Philosophie; 1974 setzte er es an der Universität Freiburg mit Germanistik, Romanistik, Slavistik und Sinologie und ab 1985 mit Geschichte und Latein fort; Abschluß Magister (MA). 1990-1994 studierte er noch - bis zum Vordiplom - Katholische Theologie.

Thomas Albert schreibt Essays und Gedichte, „in denen sich Tiefsinn, Unsinn, Ironie und ernstes Spiel vereinen".

Seine Veröffentlichungen: eigene Anthologie „Gröblaz" und literarische Beiträge in Anthologien des Karin Fischer Verlages sowie des Arnim Otto Verlages (Anthologien ERINNERUNGEN, KALEIDOSKOP und LICHT UND HOFFNUNG).

Zur Zeit schreibt er an einem Buch über „Grenzsituationen".

ELISABETH BERGNER

Geboren am 1. Februar 1930 in Gräfenthal im Thüringer Wald, wo ihr Vater Lehrer war. Mit zehn Jahren schrieb die Autorin ihr erstes Gedicht, aber alle ihre frühen Gedichte sind leider verloren gegangen. Elisabeth Bergner war „ein Kind, das die Einsamkeit brauchte".

Nach der Schul- und Kriegszeit studierte sie ab 1949 evangelische Kirchenmusik in Görlitz an der Neiße. Danach fand sie eine Anstellung in der Mark Brandenburg. Die Nähe Berlins bot ihr die Möglichkeit, die DDR zu verlassen. In West-Berlin gelang es ihr, einen lange gehegten Wunsch zu verwirklichen: Sie studierte Gesang. Nach dieser Erweiterung ihrer musikalischen Ausbildung, zog sie vier Jahre später nach Westdeutschland, wo sie, nach zwei anderen beruflichen Stationen, in Griesheim bei Darmstadt eine Anstellung als hauptamtliche Kirchenmusikerin (Kantorin) fand, die sie bis zu ihrer Pensionierung beibehielt.

Sie schrieb weiter Gedichte; die Anzahl ihrer Verse wuchs ständig. „Sie erzählen alle von dem, was in mir lebt und was ich erlebt habe".

Einige Zeit vor ihrer Pensionierung entdeckte Elisabeth Bergner die Schönheiten des Schwarzwaldes; ihre Heimat, der Thüringer Wald, war ihr noch verschlossen; denn „Gräfenthal lag im berühmt-berüchtigten Sperrgebiet".

In Todtmoos-Rütte im Schwarzwald, konnte sie alle ihre inneren Probleme verarbeiten und lösen. Sie verbrachte jeden Urlaub dort. Nach dieser für sie sehr notwendigen Zeit wurde sie „Mitarbeiterin an der 'Existential-psychologischen Bildungs- und Begegnungsstätte' von Graf und Gräfin Dürckheim".

Heute, im Ruhestand, leitet sie in Griesheim „Kurse an der Volkshochschule in Atmen, Stimme, Sprecherziehung und Meditation." Auch öfteres Orgelspiel und gelegentliches Singen tragen zur Erfüllung ihres Lebens bei.

Nach dem aufrüttelnden Geschehen des Jahres 1989, das ihr den Weg in die Heimat geöffnet hat, besucht sie auch gern wieder ihren Heimtort Gräfenthal, wo noch ihre Schwester und andere Verwandte leben.

„Die Musik, die meinem Leben und meinem Wesen von Kind an bewußt ist, schwingt", wie Elisabeth Bergner sagt, „am reinsten durch meine Gedichte".

In den Anthologien des Arnim Otto Verlages SCHREIBEN - UNSER LEBEN, WORT UND BILD und WÄRMENDE TAGE IN KALTER ZEIT sowie WAS HABEN WIR GEMACHT MIT UNS' REM STERN? hat die Autorin ihre eindrucksvollen Verse veröffentlicht.

GERTRUD EHNINGER-SEIDEL

Die Autorin wurde in Stuttgart geboren und lebt heute in Bad Teinach-Zavelstein im Nordschwarzwald.

Sie studierte Psychologie und Pädagogik mit dem Schwerpunkt Märchenforschung. Veröffentlichungen ihrer Lyrik in Zeitschriften und im Rundfunk, außerdem mehrere Laienspiele und Gedichte in dem Band „Eislandschaften" (Eulen Verlag).

GABRIEL GEBHARDT

Geboren 1927 in Luxemburg. 1939 vor Kriegsbeginn Umzug nach Hanau. Hauptschule, höhere Handelsschule. 1943 kaufmännische Lehre. 1944 Einberufung zum Reichsarbeitsdienst und anschließend zum Militär. Amerikanische Gefangenschaft vom März 1945 bis September 1946. Eintritt in

den Postdienst - 48 Dienstjahre. Letzte Tätigkeiten: Personalbeamter und Leiter von Postwohnheimen.
Der Autor entdeckte erst kürzlich, daß er ausgezeichnete, wirkungsvolle Geschichten schreiben kann und beteiligte sich sogleich an unseren Anthologien WÄRMENDE TAGE IN KALTER ZEIT und WAS HABEN WIR GEMACHT MIT UNS'REM STERN?

PETER KONRAD HENSELER

Geboren 1915 in Heppingen. Seine Familie zählt fünf Kinder, fünf Enkelkinder und zwei Urenkel. In seinem Buch „Die Ahnen" weist er seine Vorfahren urkundlich bis Anno 1628 nach.
Der Lebensweg des Autors vom Bauernsohn zum Bergmann und schließlich zum anerkannten Schriftsteller ist sehr bemerkenswert. Dreißig Bücher entstanden bereits in seiner „Literarischen Werkstatt".
Eines seiner Zitate lautet: „Ich bin kein Wissender - ich bin ein Denkender. Denken hat keinen Preis, Denken verlangt nur Ehrlichkeit."
In seinen Gedichten und Erzählungen, die treu seinem christlichen Glauben folgen, fließen unverkennbar autobiographische Elemente ein. Sein 1997 im Arnim Otto Verlag erschienener Gedichtband SCHAU NICHT ZURÜCK IM ZORN weist den Autor ebenso, wie seine Beiträge in den Anthologien unseres Verlages LICHT UND HOFFNUNG, SCHREIBEN - UNSER LEBEN, WORT UND BILD, WÄRMENDE TAGE IN KALTER ZEIT und WAS HABEN WIR GEMACHT MIT UNS'REM STERN? als einen „Dichter der Natur, der Güte und der Altersweisheit" aus.

RAINER J. HOCHER

Geboren am 10. August 1948 in Gersdorf, im „Karl-May Kreis" Hohenstein-Ernstthal. Polytechnische Oberschule; abgeschlossene Dreherlehre; Stahlbauschlosser; Schweißer; Versandarbeiter; kaufmännischer Angestellter bei einer praktischen Ärztin; Arbeiter auf Cotton-Feldern in Arizona/ USA; Leiharbeitnehmer bei mehreren Teilzeitfirmen - Schriftsteller.
Lebt in Kalletal-Stemmen/Nordrhein-Westfalen.
Vielerlei Lyrik und Prosa wurden in verschiedenen Zeitungen, Magazinen, Heimatbriefen und in über einem Dutzend

Anthologien veröffentlicht, u.a. 1995 in der Anthologie ERINNERUNGEN und 1997 in den Anthologien SCHREIBEN - UNSER LEBEN und WORT UND BILD des Arnim Otto Verlages.

Bisher sechs eigene Bücher: 1991: Gedichtband „Der Freiheit Willen", Selbstverlag; dto. 2. Aufl. G.G.Fischer-Verlag; 1993: Erzählungen „Von Sachsen an die Mühlenstraße", VfA-Fulda; 1994 Erzählungen „Von der Mühlenstraße nach Sachsen", VfA-Fulda; 1995 2. Aufl.; 1994: Gedichtband „Moorwege", Scheffler-Verlag, Herdecke; 1995 Gedichtband „Hommage-Poems", Scheffler-Verlag, Herdecke; 1995: Lyrik und Prosa „Mein Weg - von Schwarz nach Gold". Scheffler-Verlag, Herdecke.

Zwei Jahre Mitarbeit im Literaturzentrum Erfurt; zahlreiche öffentliche Lesungen in Sachsen, Thüringen, Niedersachsen und Nordrhein-Westfalen, auch bei Radio Westfalica und im Literaturtelefon Bielefeld; mehrere Jahre Leiter der Schreibwerkstätten an der VHS im Altkreis Minden-Lübbecke in Hüllhorst und Espelkamp. - Mitglied im Verband deutscher Schriftsteller und im Literaturbüro Ostwestfalen-Lippe/Detmold.

ROSEMARIE HOFFMANN

Geboren 1933 in Nalbach/Piesbach; verheiratet seit 1954. Die Autorin schreibt seit ihrem 17. Lebensjahr. In den 27 Jahren, in denen sie sich vor allem der Kindererziehung widmen mußte (sieben Kinder), versuchte sie mit Fachliteratur ihren Schreibstil zu vervollkommnen. Seit zwölf Jahren veröffentlicht Rosemarie Hoffmann ihre Arbeiten in Anthologien.

Das erste eigene Buch erschien 1993; 1996 ihr zweites Werk. Die Autorin hat sich auch an mehreren Anthologien des Arnim Otto Verlages beteiligt. - Für ihre poetischen Werke wurde Rosemarie Hoffmann im Oktober 1997 das „Diploma di Merito Speciale - conferito alla Poetessa" vom IV. Concorso Internazionale in Benevento verliehen.

ROLF KRONIKA

Geboren am 30. Januar 1956 in Heilbronn, aufgewachsen im Möricke-Dorf Cleversulzbach. Der Autor hat einen Sohn und ist von Beruf Werkzeugmacher-Meister. Seit neun Jahren ist er im sozialen Dienst als Gruppenleiter in einer Werkstatt für Behinderte tätig.

Rolf Kronika schreibt hauptsächlich humoristische Kurzge-schichten, die er zum Teil schon veröffentlichen konnte; zur Zeit arbeitet er an einem Sammelband und und an einer längeren Er-zählung mit tiefenpsychologischem Inhalt. Auch lyrische Texte sowie bildnerisches Schaffen (Ölgemälde und Aquarelle) gehören zu seinem künstlerischen Ambitionen. Veröffentlichungen in der Anthologie WORT UND BILD des Arnim Otto Verlages.

WILHELM KUSTERER

Geboren 1922 in einer kalten Winternacht des Monats Fe-bruar in dem kleinen Schwarzwalddorf Salmbach. Das Leben des Autors ist begleitet und geprägt worden von der Liebe zu seiner Heimat, vom harten Leben auf den Höhen des Schwarzwaldes und der Einfachheit seiner Bewohner. In ei-ner kleinen Dorfschule lernte er nicht nur das ABC, sondern interessierten ihn vor allem die romantischen Details der Ar-chäologie und der gesamten Weltgeschichte. Aus finanziellen Gründen blieben ihm Gymnasium und Studium versagt, und so erlernte er das Uhrenhandwerk in Pforzheim.

Mit 18 Jahren Soldat, im Krieg dreimal verwundet, kam er, als junger Leutnant, in amerikanische Kriegsgefangenschaft, von wo er 1946 entlassen wurde.

Wilhelm Kusterer war ein „Frühzünder", wie er sagt. Er verliebte sich bereits mit 16 einmalig und für immer in seine künftige Frau; ein Junge und ein Mädchen sind seine Kin-der. „Es wurde geschuftet und aufgebaut": schon 1959 ein eigenes Haus direkt am Wald und auch das eigene Unter-nehmen.

Heute widmet sich der Autor stärker seinem Hobby „Heimat-forschung"; er gründete ein Heimatmuseum mit unterdessen 14 Räumen. Vierzehn Jahre lang war er Vorsitzender eines Gesangvereins, und seit 1975 ist Wilhelm Kusterer im Ge-meinderat von Salmbach tätig. Und, um das Maß seines en-gagierten Einsatzes voll zu machen, leitet er jetzt auch noch einen Senioren-Verein.

Seit jeher schreibt der Autor gern Gedichte, auch Mundart-Gedichte.

1981 erhielt er den „Emil Imm-Kulturpreis" des Schwarz-waldvereins.18 Bücher hat er bereits veröffentlicht, und es ist noch lange kein Ende abzusehen.

Die lesenswerten Verse und Geschichten des Autors sind 1996 auch in den Anthologien KALEIDOSKOP, LICHT UND HOFFNUNG und SCHREIBEN - UNSER LEBEN und WAS HABEN WIR GEMACHT MIT UNS'REM STERN? des Arnim Otto Verlages erschienen.

Er liebt, wie er versichert, außer seiner Frau und seiner Familie, „die Menschen im allgemeinen, die Tier- und auch die Pflanzenwelt, vor allem den Wald", dem sein ganzer Einsatz gilt.

TRUDE LELLMANN

Geboren 1922 in Schönthal bei Düren. Die Autorin ist verheiratet, hat eine Tochter und zwei Enkelkinder. Freude am Schreiben hat sie schon immer gehabt und auch ein Studium der Belletristik absolviert. Die Schwerpunkte ihrer schriftstellerischen Arbeit: Erzählungen und Gedichte.

Veröffentlichungen: in den Anthologien „Autoren-Werkstatt" 50, 51, 52 und „20-Jahre R.G.Fischer Verlag", Band II.

Erzählungen der talentierten Autorin erschienen auch in Anthologien des Arnim Otto Verlages: LICHT UND HOFF-NUNG (1996) sowie SCHREIBEN - UNSER LEBEN, WORT UND BILD, WÄRMENDE TAGE IN KALTER ZEIT (1997) und WAS HABEN WIR GEMACHT MIT UNS'REM STERN? (1998).

WALTER RICHTER

Geboren 1924 in Sachsen. Der Autor lebt seit 1946 in Eschlkam im Bayerischen Wald. Dort hat er sich als Vorsitzender des Waldschmidt-Vereins, den er 1984 in Erinnerung an den be-rühmten bayerischen Schriftsteller Maximilian Schmidt, genannt Waldschmidt, gegründet hat, für die kulturellen Belange des ostbayerischen Städtchens verdient gemacht. Aufgrund dieses selbstlosen, von großem Wissen und viel Erfahrung geprägten Engagements reüssierte er alsbald zum Kulturreferenten der Stadt Eschlkam.

Walter Richter ist selbst vielseitig künstlerisch tätig: als hoch-talentierter bildender Künstler, vor allem Zeichner, aber auch seine anderer Techniken wie Ölmalerei, Collage u.a. erfreuen sich einer großen Beliebtheit. Nicht zu unterschätzen ist auch sein hohes literarisches Talent. Sehr bekannt geworden sind seine *Aphorismen,* die er in eigenen Büchern, auch im Arnim Otto Verlag, veröffentlicht hat:

Bei dieser literarischen Gattung wird eine besondere intellektuelle Begabung des Autors deutlich: die Kombination von Humor und philosophischer Gedankentiefe. Ein beachtenswertes Werk ist auch die 1996 im Arnim Otto Verlag erschienene Lebensgeschichte DER HEIMATPREIS, die zugleich eine Hommage des großen bayerischen Heimatdichters Maximilian Schmidt ist.

Walter Richter veröffentlichte in unseren Anthologien LEBEN UND LIEBEN, KALEIDOSKOP, LICHT UND HOFFNUNG, SCHREIBEN - UNSER LEBEN sowie WORT UND BILD. Seine eigenen Bände mit Aphorismen und Zeichnungen, die er erfolgreich im Arnim Otto Verlag veröffentlicht hat, haben u.a. die Titel VIELE SPIELEN DIE ERSTE GEIGE OHNE INSTRUMENT und DIE MENSCHEN KENNEN IHRE LASTER, ABER SIE VERGEBEN IHNEN STÄNDIG. Anfang 1998 ist der Band AUSNAHMEN BESTÄTIGEN DIE REGEL erschienen. Seine Werke werden fortlaufend in vielen Presse-Besprechungen gewürdigt.

IRMA SCHEUER

Die Autorin wurde 1926 an der unmittelbaren Grenze zwischen Polen und der damaligen Sowjetunion geboren, wohin ihre Vorfahren Anfang des 19. Jahrhunderts aus Ostpreußen übersiedelt waren. Wolhynien galt als landwirtschaftlich ertragreiches Gebiet und nahm gerne zarentreue sowohl tschechische als auch deutsche Kolonisten auf. Der Vater der Autorin, der ehemalige zaristische Offizier Emil Oskar von Wolfenhagen, wurde bei Stalins Verfolgungen 1937 erschossen; die Mutter, tschechischen Kolonisten entstammend, mußte zehn Jahre im Gulag verbringen. Ihre Tochter Irma hatte einige bittere Jahre in einem Waisenhaus zu ertragen. Die Mutter spürte sie auf und konnte dafür sorgen, daß sie in die Obhut der Familie ihrer Tante aufgenommen wurde.

1948 heiratete die Autorin den österreichischen Arzt Leo Scheuer, mit dem sie seit 1965 in Berlin lebt.

Der Arnim Otto Verlag hat 1997 das auf Tatsachen beruhende Buch der Autorin mit dem Titel „Orte, an denen ich einmal war" herausgebracht. „Dank der liebevollen und fachlichen Betreuung durch den Verleger ist es zu einem spannenden literarischen Zeitdokument geworden" (Irma Scheuer)

Sowohl das Buch „Orte, in denen ich einmal war" wie auch die Texte in dieser Anthologie sind von der Autorin, die auch eine bedeutende bildende Künstlerin ist, illustriert worden.
Irma Scheuer wurde für ihre poetischen Werke bereits zum zweiten Mal der „Grand Prix Méditerranée Etats Unis D'Europe" (Great Prize of the mediterranean Stars of Europe) der Akademie von Europa verliehen.

CHRISTA SCHMIDT-FÜHRENBERG

Geboren 1930 in Nienburg an der Weser. Heute lebt die Autorin in Offenbach am Main. Sie schreibt vorwiegend Kindernovellen, von denen einige in Anthologien veröffentlicht wurden. Christa Schmidt-Führenberg ist eine sensible Künstlerin, der auch die klassische Musik ans Herz gewachsen ist. Sie übt sie auch selbst aus - hauptsächlich mit ihrer Geige.
Durch regelmäßigen Umgang mit Kindern lernt sie, die Welt mit den Augen der Kleinen zu sehen. Der Atem ihrer Kindergeschichten lebt von diesem Engagement.
In der Anthologie LICHT UND HOFFNUNG des Arnim Otto Verlages veröffentlichte Christa Schmidt-Führenberg 1996 ihre Erzählung „Begegnung", in der Anthologie SCHREIBEN - UNSER LEBEN 1997 ihre hautnahen Erinnerungen „Ein Kalenderblatt im Mai"; in der Anthologie WORT UND BILD, ebenfalls 1997, schließlich den Text „Gespräche am Mühlbach". 1998 erschienen der beachtenswerte Essay und der Erzähl-Text „Weg der Hoffnung" in der Anthologie WAS HABEN WIR GEMACHT MIT UNS'REM STERN?

HANS-JOACHIM SCHORRADT

Geboren 1954 in Berlin, wo der Autor auch heute noch lebt. Nach der Realschule Ausbildung zum Forstarbeiter. Jetzt im Ruhestand.
Hans-Joachim Schorradt schreibt Lyrik und Prosa. Er war an einigen Anthologien der Reihe „Autoren-Werkstatt" des R.G. Fischer-Verlages, Frankfurt/M beteiligt, ebenso an den Anthologien LICHT UND HOFFNUNG, SCHREIBEN - UNSER LEBEN, WORT UND BILD, WÄRMENDE TAGE IN KALTER ZEIT sowie WAS HABEN WIR GEMACHT MIT UNS'REM STERN? des Arnim Otto Verlages.

KARL-HEINZ SCHREIBER

Geboren 1949 in Werneck; Freistil-Poet, Herausgeber & Rezensent.

Mitglied bei VS (IG Medien), Literaturgesellschaft Hessen, Gesellschaft für Zeitgenössische Lyrik (Leipzig), Romanfabrik (Frankfurt am Main), Verband Fränkischer Schriftsteller.

Initiator der PoetenStammTische OLGA (Aschaffenburg) und OPST (Frankfurt am Main).

Zahlreiche eigene Publikationen sowie Veröffentlichungen in Zeitschriften & Anthologien des In- und Auslandes.

Herausgeber einiger Anthologien & Zeitschriften, u.a. KULT (Magazyn fyr Poesy & Sernoldysm) und LESENDER AFFE (Deutschlands kleinste Literaturzeitschrift). In seiner Publikations-Initiative AALFAA EnterBrainMent macht er auch andere Autoren der Öffentlichkeit zugänglich (Reihe AALFAA-JeT).

KHS möchte die Welt poetysieren, Literatur bedeutet ihm Humanismus & Kommunikation. In dieser Absicht entwickelt er auch seinen Sernoldysm als paraphysische Poetosophy. Wesentliches Element sind Begegnungen in Diskussionsrunden, bei Büchertisch-Präsentationen sowie LyRock-Live-Sessions, bei denen die Poesy als Rhythmus des Lebens zur vitalisierenden Interaktion führt. Die Sprache ist offenes Spiel & Experiment und damit auch eine Metapher der Existenz. Literatur ist das eigentliche Medium einer auf Praxis hin orientierten Erkenntnis.

MECHTHILD SOURISSEAU

Die 1925 in Darmstadt geborene und heute in Biberach an der Riß lebende Autorin studierte Pädagogik, Philologie und Psychologie in Mainz, Frankfurt am Main und Freiburg.

Viele Jahre war sie als Lehrerin, Internatsleiterin und zuletzt als Lehrbeauftragte für Englisch an der Fachhochschule für Ingenieure und Architekten in Biberach tätig. Nebenbei hatte sie die Aufgaben als Ehefrau, Mutter eines Sohnes und Hausfrau zu erfüllen.

Veröffentlichungen: Die beiden Gedichtbände „Weisheit, die dein Leben lenkt" (1987) und „Im Regenbogen" (ISBN 3-89009-946-7 / 1997) im Frieling Verlag, Berlin.

Weitere Texte wurden in verschiedenen Anthologien (Reidar Verlag, Hamburg) und Freier Autoren Verlag, Fulda und in fünf Anthologien des Frieling-Verlages, Berlin veröffentlicht.

Auch an der Anthologie des Arnim Otto Verlages WAS HABEN
WIR GEMACHT MIT UNS'REM STERN? hat sich die begabte
Autorin beteiligt.

ANDREAS PHILIPP STAHL

Diplom-Ing., geboren 1964 in Berlin-Zehlendorf, aufgewach-
sen in Ober Ramstadt mit Kindergarten in Darmstadt, seit
1970 wohnhaft in Wiesbaden-Freudenberg; Joseph-von-Ei-
chendorff-Schule; Dilthey-Gymnasium Wiesbaden: Abitur;
Studium des Bauingenieurwesens mit Vertiefung in Sied-
lungswesen und Wasserwirtschaft, bei Univ.-Prof.'es Dr.-
Ing.Pöppel, Dr.Ing.Böhm; an der Technischen Universität
Darmstadt: Dipl.Ing.; Praktika u.a. bei Zimmerei Fink-Nickel,
Villmar-Aumenau an der Lahn, bei Ing.-Büro VUS, Dipl.Ing.
Hans Joachim Marcks, Bad Kreuznach. - Reisen u.a. mit
dem Deutschen Bauorden nach Griechenland, Großbritan-
nien (Brighton, Exeter, London); Inseln Kos, Rhodos, Zypern;
Polen (Auschwitz); Portugal; Tschechei (Prag); Türkei ... Eine
weitere (mehr oder weniger gewollte) Lebens-'Universität'
(Maxim Gorki): Nachttaxi-Fahrer (... mit u.a. unguter Erfah-
rung als „barmherziger Samariter" ... mit anschließendem
Krankenhausaufenthalt ...).

GÜNTER STAHL

Dr.-Ing., geboren 1935 in Weilburg an der Lahn, begann
seine berufliche Ausbildung mit einer Maurerlehre, dem das
Studium an der Ingenieurschule Gießen und an der TH
Darmstadt folgte. Weitere Stationen waren: U-Bahnbau,
Berlin; Prüf-Ing. für Baustatik, Berlin; seit 1965 Hessisches
Landesamt für Straßen- und Verkehrswesen, Forschungsge-
sellschaft für Straßen und Verkehrswesen; stellv. Leiter des
AA Netzgestaltung; Mitgl. des AA Geschichte des Straßen-
und Verkehrswesens und anderer Gremien.
Literarische und wissenschaftliche Werke und Initiativen des
Autors: Herausgeber der „Blätter um die Freudenberger Be-
gegnung" seit 1987; Band 5 ist 1998 im Arnim Otto Verlag
erschienen (882 Seiten). Am 17.4.98 fand die öffentliche Vorstellung des neuen Bandes statt, anläßlich der dem Autor
die „Hessische Ehrenurkunde für Kultur und Kunst" vom
Hessischen Staatssekretär Rolf Praml überreicht wurde.
Günter Stahl ist auch Initiator und Leiter der schon über
190 „Freudenberger Begegnungen" (FBB POIESIS - Men-

schen, Literaten für Politik der Kultur durch und zu FRIEDE, SHALOM in Europa, der einen Welt), diesen Veranstaltungen in der Dreikönigsgemeinde Wiesbaden. Vorbild ist Günter Stahl dabei von Anfang an die Institution des „Jüdischen Lehrhauses" (1920 gegründet von Franz Rosenzweig) mit dem Programm der „Philosophie des Dialogs". Das Spektrum Günter Stahls für diese Initiative reicht von Politik, Theologie und Architektur über Musik und Literatur bis zur Friedensforschung und Ökologie. Gäste waren bekannte Wissenschaftler, Vertreter der Kirchen, Politiker, Schriftsteller und Künstler aller Sparten.

Weitere Veröffentlichungen: u.a. Aufsätze in „Internat. Verkehrswesen"; „Die Konzeptionsphase", Univ. Gh Kassel, Peter Lang, Europ.Verlag der Wissenschaften; Europäische Hochschulschriften, Frankfurt a.M. 1994; Beitrag in H. Hoos et al.: 700 Jahre Stadtrechte Weilburg 1995; Herausgeber der Anthologien des Arnim Otto Verlages „Winter und Weihnacht" 1994; „Erinnerungen" 1995; „Kaleidoskop" und „Licht und Hoffnung" 1996 sowie „Schreiben - unser Leben", „Wort und Bild" sowie „Wärmende Tage in kalter Zeit" 1997. Literar. Beiträge in Anthologien und anderen Titeln des Arnim Otto Verlages: „Leben und Lieben" 1994, „Winter und Weihnacht" 1994 (u.a. den Essay „Naturwissenschaftlich-geistige Annäherung an Spuren, Kraftwerke des Lichts CHANUKKA, WEIHNACHT, WEIHNUKKA", in dem er die fundamentale Bedeutung der *Entropie* deutlich macht); „Die Feder schreibt kratzend" 1995, „Erinnerungen" 1995, „Kaleidoskop", „Licht und Hoffnung" 1996 sowie auch in „Schreiben - unser Leben"; "Wort und Bild"; „Wärmende Tage in kalter Zeit" 1997 und „Was haben wir gemacht mit uns'rem Stern? (1998).

Zwei der herausragenden Veröffentlichungen Günter Stahls sind seine 1996 in unserem Verlag erschienene Werke „Gemeinsames Leben in Vernetzungen" und „Verlorene Blätter für Shalom - entgegen vielfältiger Usprünge der Gewalt, Kriege - mit Dennochs". Werke, die den Autor wieder als universellen Künstler zeigen.

Günter Stahl ist Mitglied des Verbandes deutscher Schriftsteller; der Literarischen Gesellschaft Hessen und des S.E.C. Société Européenne de Culture, Venedig.
BVK a.B., Bürgermedaille in Silber der Landeshauptstadt Wiesbaden.

KLAUS STEINHAUSSEN

Geboren 1931 als Sohn eines Seemannes, lebte er vor dem Krieg in Bremerhaven, danach in Sachsen. Was Deutschland teilte, ging immer auch durch ihn. Aus Bedrückung über diese Grenze und aus dem Bedürfnis, sich über seine Wurzeln klar zu werden, begann er in den achtziger Jahren einen Roman zu schreiben, der aus den nachhaltigen Eindrücken seiner frühen Kindheit schöpfte. Erst jetzt ist er damit an einem vorläufigen Schlußpunkt angelangt. Heute, da die Grenze schon fast aus dem Bewußtsein verschwindet, scheint ihm seine lange Verwurzelung im Osten des Landes ins Zwielicht gerückt. Aber dort wurde er von seinem neunten Lebensjahr an geprägt. In Meißen, der Heimatstadt seiner Mutter, steht die einstige Fürstenschule St. Afra. Die wenigen Jahre, die wer dort lernte, wirken noch heute nach.

Er ergriff dann den Beruf des Bäckers, aber, hungernd nach Erleben, nach Wissen und Gemeinsamkeit ging er schließlich den Weg über das Arbeiterstudium zum Beruf des Ingenieurökonoms und war als Hochschulassistent tätig. Es folgten Berufsjahre auf einer Niederlausitzer Baustelle und in einem Meißner Betrieb.

Erste Schreibversuche führten den Autor an das Leipziger Literaturinstitut, mit dem er, später auch als Dozent. u.a. für Lyrik, viele Jahre verbunden blieb. Er schrieb für Zeitungen und Zeitschriften, war lange in einem Verlag als Prosa-Lektor tätig, gab mehrere Anthologien heraus und schrieb selbst Bei-träge dafür.

Klaus Steinhaußen lebte mit seiner Familie in Berlin und später 15 Jahre lang in Leipzig. Seit zwei Jahren im Ruhestand, wohnt er nun im thüringischen Rudolstadt und fühlt sich dort mit seiner Frau zu Haus. Noch nicht zu Haus fühlt er sich im wiedervereinigten Deutschland, wohl deshalb, weil er sich mit den Idealen der untergegangenen DDR zu eng verbunden fühlte. Vor Jahren schrieb er einmal ein Gedicht, auf das er hinweisen möchte. Darin heißt es: „Fast schon erreichbar der Horizont, nah rings der Ferne. / Wenn ich am Ufer stand, klein zwischen Himmel und Meer. / Salzig wurden die Lippen, sanken die Masten, stiegen - Nie verlor ich die Fragen, dieses Wohin und Woher." Eine endgültige Antwort gibt es für ihn nicht. Doch: „Ich schreibe mich immer wieder darauf zu ..."

Veröffentlichungen des Autors: Gedicht- und Prosabeiträge in Sammelbänden und Zeitschriften. Herausgeber der Anthologie „Kein Duft von wilder Minze" (1980) und des kulturgeschichtlichen Thüringen-Buches „Über allen Gipfeln ist Ruh" (1990) - beides erschienen im Mitteldeutschen Verlag, Halle sowie der vier Jahrgänge des im Greifenverlag, Rudolstadt herausgekommenen „Geschichtenkalenders".

WOLFGANG STREICHER

Geboren am 23.1.1936 in Stuttgart, jetzt wohnhaft in Esslingen, Diplom-Bibliothekar an der Fachhochschule für Sozialwesen Esslingen. 1965 promovierte der Autor bei Richard Brinkmann über das Thema „Die dramatische Einheit von Goethes Faust", erschienen im Max Niemeyer Verlag in Tübingen.

Wolfgang Streicher schreibt seit 1974 Lyrik und Kurzprosa; Werke dieser Gattungen sind in verschiedenen Verlagen erschienen. Mehr als Literatur interessiert ihn jedoch Musik, und für Mozart würde er, wie er sagt, sein ganzes eigenes Werk hingeben. Er mag keine Romane, weil sie seiner Ansicht nach eine Geschehnisstruktur suggerieren, die es im Abendland heute nicht mehr gibt und die deshalb hoffnungslos veraltet ist.

HANS JOACHIM WEGENER

Der Autor wurde am 5. Mai 1950 in Kiel geboren.

Sein beruflicher Weg führte ihn in die Wirtschaft, wo er als Unternehmer weltweit bekannt wurde. Sein besonderes Interesse galt immer wieder der persönlichen und beruflichen Entwicklung seiner Mitarbeiter.

Als Dozent an Akademien und Wirtschaftsfachschulen gibt er in Seminaren und Vorträgen sein Wissen und seine Erfahrungen als Unternehmer weiter - vor allem auch an Menschen, die in der heutigen, schwierigen Zeit eine Hilfe und Perspektive suchen.

Einen Gegenpol zur nüchternen Geschäftswelt bildete für den Autor schon seit frühester Jugend das Schreiben; insbesondere in der Poesie fand er ein Medium, seine Gefühle und Gedanken auszudrücken.